밤 11시의 산책

구로 시로 지음 | 오세웅 옮김

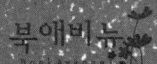

밤 11시의 산책

1판 1쇄 발행_ 2008년 7월 31일

ISBN 978-89-314-3708-9 03830

지은이_ 구로 시로
옮긴이_ 오세웅
펴낸이_ 김길수

기획_ (주)영진닷컴 전략기획팀
책임_ 강상원
편집진행_ 김미숙
교정_ 이인숙
표지 & 북디자인_ 비밀계단
표지 일러스트_ 이영아(comiclee@hanmail.net)

펴낸곳_ (주)영진닷컴
주소_ 서울특별시 금천구 가산동 664번지 대륭테크노타운 13차 10층 (우)153-803
대표전화_ 1588-0789
대표팩스_ (02) 2105-2200
출판등록_ 2007. 4.27 제 16-4189호

값 9,000원

이 책을 무단복사·복제·전재하는 것은 저작권법에 저촉됩니다.
잘못 만들어진 책은 구입하신 서점에서 교환 가능합니다.

밤11시의 산책

❧

©2007 Shiro Kuro

First published in Japan in 2007 by MEDIA FACTORY,Inc.

Korean translation rights reserved by YoungJin com.

Under the license from MEDIA FACTORY,Inc.,Tokyo

Through TUTTLE-MORI AGENCY, Inc., Tokyo and EntersKorea Co., Ltd.

❧

이 책의 한국어판 저작권은 엔터스코리아 에이전시를 통한 저작권자와의 독점계약으로 ㈜영진닷컴에 있습니다. 신저작권법에 의해 한국 내에서 보호를 받는 저작물이므로 무단전재와 무단복제를 금합니다.

0

 귀신, 유령, 사신死神, 제대로 불러주는 별명이 없다. 소녀는 이제 눈물도 나오지 않는다. 이미 익숙해진 탓이다.

 다니고 있는 초등학교에서 집으로 돌아오는 길. 지저분한 강가 자갈길에서 남자 아이들이 돌멩이를 던지며 욕설을 퍼부어대지만 소녀는 시선을 밑으로 향한 채 아무 말도 없이 걷고 있다. 돌멩이가 머리에 부딪칠 때마다 톡톡, 하는 재밌는 소리가 난다.

 왜 내가 이런 꼴을 당해야 하지. 소녀는 냉정하게 생각해본다. 누구와도 말을 나누지 않는다. 누구와도 함께 놀지 않는다. 화도 내지 않고 그렇다고 웃지도 않는다. 다만 혼자 구석진 자리에서 그림을 그리고 있을 뿐.

 그런데 왜 모두들 나를 피하고, 놀리고, 돌멩이를 던져댈까. 생각에 잠기다보니 조금 전까지 돌을 던지던 같은 학년 남자 아이들은 이미 없다. 재미가 없어졌는지 모두들 집에 돌아간 모양이다.

 겨우 주위가 조용해졌다. 소녀는 자갈길에 쪼그리고 앉아 무릎을 감싼 채 냄새가 지독한 강을 바라본다. 강을 가로질러 놓인 좁은 다리, 수로교水路橋가 보인다. 그 다리만 건너면 금방 집인데, 가고 싶은 마음이 전혀 들지 않는다.

앉아 있는 자신의 옆에는 시꺼멓게 색이 변한 물질이 지저분하게 흩어져 있다. 말라비틀어진 개똥이다. 하얀 털이 섞여 있다.

죽고 싶다. 왠지 개똥 옆에서 당장이라도 죽고 싶다. 해가 서서히 지고 있다. 어두워지면 죽자. 그렇게 결심했다.

따르릉.

따르릉.

소녀를 놀래지 않게 하려는 배려가 깃든 자상한 벨 소리. 뒤돌아보니 조금 피곤해 보이는 나이 많은 아저씨가 자전거에 걸터앉아 소녀를 바라보고 있다. 작은 키에 구부정하게 굽은 등. 부드러운 인상이었다. 그림자가 져서 거의 윤곽밖에 보이지 않는 얼굴은 웃음으로 깊게 팬 주름과 양끝이 살짝 올라간 입술만 보인다. 백발인 머리는 햇빛에 반사되어 반짝거린다.

소녀가 보기에 아저씨는 특이한 사람이다. 혹시 다른 사람과는 달리 소녀에게 친절하게 대해줄지도 모른다. 소녀를 바라보며 저토록 자상한 웃음을 보여주는 사람은 처음이다. 소녀는 자석에 당기듯 피곤한 모습의 그림자에 빨려 들어간다.

"볼래?"

아저씨가 가래가 섞인 듯 탁한 목소리로 말했다. 무엇을, 이라고 아저씨는 말하지 않았다. 그래도 소녀는 아저씨의 제안에 고개를 끄덕였다. 낡은 자전거 뒷부분에는 나무로 만들어진 상자가 실려 있다. 손때에 절어 까맣게 색이 변한 상자는 아주 오랫동안 사용한 것처럼 보였다.

  그 상자에 들어 있는 것을 보여준다는 걸까. 아저씨는 자전거에서 내리더니 상자를 묶은 로프를 풀었다. 자전거 뒷부분에 실려 있던 상자가 땅으로 떨어지더니 너무나도 쉽게 부서져 버렸다. 상자 안에는 많은 그림이 들어 있었다. 그림은 산산이 흩어졌다.

  그런데도 아저씨는 웃고만 있다. 소녀는 당황해서 그림을 주워 담으려고 한다. 이상하면서도 재미있는 그림들이다. 그림 뒤편에는 빽빽하게 글씨가 쓰여 있다. 소녀가 읽을 수 없는 어려운 단어도 있다.

  그림을 주워 담으면서 소녀는 기대감에 부푼다. 아저씨는 무얼 보여주려는 걸까. 빨리 그림을 주워 담지 않으면 날이 어두워진다. 날이 어두워지면 아저씨가 보여주려는 것을 못 볼지도 모른다. 그리고 날이 어두워지면 소녀는 죽어야만 한다. 하지만 아직도 해는 하늘에 걸려 있다. 그림이 두서없이 마구 섞여 있지만, 이 그림들을 모으면 재밌는 이야기가 될 거야. 그렇게 믿으면서 소녀는 열심히 그림을 주워 담는다.

  끼이!

  이번에는 전혀 부드러운 소리가 아니다. 수로교 밑으로 뭔가 대롱대롱 매달려 있다. 마치 가을바람에 춤추는 작은 벌레처럼. 무엇인지 알아보려고 소녀는 강둑을 따라 내려갔다.

  방금 전까지 소녀에게 자상한 웃음을 지어주던 아저씨가 수로교에 매달려 있다. 내장까지 들어낼 정도로 길게 늘어난 혀가 보고 있는 사이에도 검푸르게 변해갔다. 코에서는 카키색 즙이 질척거리면서 흐르고 있다.

소녀는 놀라운 광경에 도저히 눈을 뗄 수 없다. 사람이, 도무지 사람의 모습이 아니었다. 눈꺼풀이 크게 벌어진 채 빙글빙글 검은 눈동자가 바쁘게 돌아가고 있다. 얼굴도 점차 자줏빛으로 변해갔다. 우스꽝스러운 움직임으로 손발을 버둥거리고 있다. 재밌는 춤 같기도 했다.

소녀는 매달린 아저씨가 움직이지 않을 때까지 주의 깊게 바라보았다. 움직이지 않는다고 생각한 순간, 아저씨가 오줌을 지렸다. 바지에 얼룩이 번져갔다.

아저씨가 "볼래?"라고 했던 게 이런 모습을 말하는 걸까. 소녀는 책가방에서 스케치북과 색연필을 꺼냈다.

1

 치아키가 이상한 그림을 그리기 시작한 것은 엄마인 미사코가 죽은 지 일 년도 되지 않은 때였다. 맨 처음으로 그린 것은 네 발로 기는 '가면 라이더'였다.
"아빠, 오늘 대머리 아찌 와?"
 타쿠로의 방에 잔뜩 불안한 얼굴을 한 치아키가 들어온다. 거실에 걸린 달력에는 '그'가 오는 날이 표시되어 있다. 그걸 보고 겁을 먹은 모양이다.
 대머리 아찌는 일주일에 몇 번 들르는 '쿠스노키'라는 남자를 치아키가 부르는 호칭이다. 그 이름대로 그는 머리가 살짝 벗겨진, 사십대를 넘긴 중년 남자다. 타쿠로가 작가로 데뷔한 이래 쭉 담당을 맡아오면서 두 사람은 지금까지 나름대로 우정을 돈독히 하고 있다. 타쿠로가 호러소설계에서 이름이 알려지게 된 데는 쿠스노키의 수완이 지대한 공헌을 했다고 볼 수 있다. 치아키는 그를 '대머리 아찌'라고 부르면서 겁내고 싫어했다.
 쿠스노키는 왜 그런지 홀숫날에만 찾아온다. 그래서 치아키는 홀숫날이면 아침부터 불안한 기색을 감추지 못한다. 왜 그렇게 무서워하냐고 물으면 대머리라서 그렇단다. 설마 그러랴 싶은 쿠스노키가 치아키의 이름을 부르면서 집 안 이리저리로 치아키를 찾아다니면 치아키의 공포심은 극에 달해 끝내는 울음을 터뜨리고 만다.

그렇다고 쿠스노키에게 가발을 쓰라고 강요할 수는 없다. 안 그래도 벗겨진 머리 때문에 이만저만 신경을 쓰는 게 아니다. 편집부에 함께 근무하는 직원이 술자리에서 농담 삼아 그의 대머리에 관해 말하는 바람에 회사를 사흘이나 무단으로 결근한 적도 있다. 그러니 쿠스노키가 오는 날은 치아키에게 평소보다 엄하게 주의를 주어야만 한다.

"조금 있다가 아저씨가 올 텐데, 대머리 아찌라고 하면 안 돼. 대머리라는 말을 하면 안 되는 거야, 알았지?"

치아키는 두 손으로 제 입을 틀어막고는 곧 토할 듯한 표정으로 고개를 끄덕인다. 이렇게 미리 주의를 주면 치아키는 제 방에 틀어박혀 나오지 않는다. 노크를 해도 대답도 안 하고 절대로 방문을 열어주지 않는다. 마치 자신이 방에 없는 것처럼 연기를 한다. 타쿠로가 방문 너머로 쿠스노키가 돌아갔다고 알려주면 그제야 방에서 나온다.

그날은 달랐다. 치아키는 전혀 예상치 못한 행동을 보였다.

약속보다 한 시간이나 늦게 온 쿠스노키는 미안한 기색도 없이 바로 일 이야기를 꺼냈다. 이번에도 그의 몸에서는 지독하게 땀냄새가 났다. 전부터 그의 몸에서 나는 냄새가 무척 거슬렸지만 최근 들어 더욱 심해진 느낌이다.

"요즘 경기가 좋으시죠?"

금니가 즐비한 입을 열며 큰 소리로 웃는 쿠스노키. 열두 번째로 나온 장편소설이 운 좋게도 전국 서점 월간 순위에서 계속 1위를 지키고 있다. 타쿠로에게는 당연히 기쁜 일이다.

쿠스노키는 타쿠로 이상으로 좋아하면서도 그 감정을 불쾌한 형태로 표현한다. 귀에 거슬리는 목소리. 음식물 쓰레기처럼 심한 악취를 풍기는 입 냄새. 스프링클러처럼 사방으로 튀어나오는 침. 그가 웃음과 동시에 반경 50센티미터 이내에 있는 상대방은 침 세례를 당하게 된다. 쿠스노키가 편집부나 여성 작가 사이에서 평판이 좋지 않은 이유를 알 듯도 했다. 그와 만나면 적어도 다섯 번은 그의 웃음과 침의 폭격을 각오해야만 한다. 오늘은 벌써 열 번을 넘어섰다. 쿠스노키가 그렇게 기분이 좋은 데는 또 한 가지 이유가 있다.

치아키가 쿠스노키의 옆에 앉아 있다. 타쿠로도 깜짝 놀라지 않을 수 없었다. 늘 몸을 도사리고 '천적'이 돌아가기만을 고대하던 치아키가 미간을 찌푸리면서도 쿠스노키와 불과 50센티미터도 떨어지지 않은 곳에 앉아 있기 때문이다. 쿠스노키가 크게 웃을 때마다 치아키에게 심한 악취와 침이 튄다고 생각하니 타쿠로는 마음이 편치 않았다.

쿠노스키 본인 앞에서 '대머리'란 말만 하지 않기를 바랐는데,

어찌된 일인지 치아키는 혼자서 '참기 대회'라도 시작했나보다. 치아키는 12색 색연필과 표지에 새끼 고양이가 그려진 스케치북을 무릎 위에 올려놓고 있다.

"치아키, 너희 아빠 너무 멋지지?"

쿠스노키가 기름기 번드르르한 얼굴을 들이대자 치아키는 노골적으로 싫은 표정을 지었다. 그런데도 그 자리를 벗어나려고 하지 않았다. 치아키가 들릴 듯 말 듯한 목소리로 중얼거렸다.

"쏙쏙메뚜기."

스케치북을 펼치더니 색연필이 든 케이스를 연다.

"쏙쏙메뚜기."

치아키는 다시 한 번 똑같은 말을 중얼거리더니 그림을 그리기 시작했다.

"이거 아저씨 그려주는 거야?"

쿠스노키는 시실시실 웃으며 턱을 괴는 등 포즈를 취한다. 정말 봐주기 괴로운 흉물스러운 모델이다. 하지만 치아키의 눈매는 심각했다. 스케치북과 쿠스노키에게 번갈아 시선을 주면서 바쁘게 연필을 놀렸다. 타쿠로는 치아키가 그렇게 열심히 그림을 그리는 걸 처음 보았다.

"어디, 잘 그렸나 볼까?"

쿠스노키가 그림을 슬쩍 엿보려고 하자, 치아키는 당황한 듯 스케치북을 얼른 감추었다.

"아저씨가 보고 싶어서 그래. 어디 한번 보자."

쿠스노키가 유들거리는 얼굴을 치아키의 얼굴에 가까이 들이댔다. 아마 한계였을 것이다. 치아키가 스케치북을 휙 내던졌다. 스케치북이 펼쳐진 채 바닥에 떨어져 타쿠로와 쿠스노키는 스케치북에 그려진 그림을 보게 되었다. 아무리 봐도 쿠스노키는 아니었다. 네 발로 기는 기묘한 생물이었다. 황록색으로 진하게 칠해진 그 생물은 곤충의 겹눈처럼 눈만 두 개 있을 뿐 코와 입이 없다. 머리에는 엄청나게 많은 검은 머리칼이 나 있고, 그 사이로 촉수 비슷한 것이 두 개 튀어나와 있다.

"가면 라이더?"

쿠스노키는 타쿠로가 생각한 첫인상과 똑같은 말을 내뱉었다. 치아키는 두려운 시선을 쿠스노키에게 던지면서 뒷걸음치듯 방에서 나갔다.

"쓱쓱메뚜기"

이 한마디를 남겨둔 채. 쿠스노키는 스케치북을 손에 들고 턱에 손을 괴더니 웃음이라고 보기엔 몹시 이상한 표정을 지었다.

"이 그림 나랑 닮았나요?"

쿠스노키는 어쩐지 기분 나쁜 웃음을 머금고 어깨를 들썩거리고 있었다.

다음으로 타쿠로가 본 그림은 '검은 현관'이었다. 집 안까지 매미 울음소리가 합창처럼 들려오는 시끄러운 저녁 무렵이었다. 치아키는 복도에 배를 깔고 엎드려 현관 쪽으로 얼굴을 향한 채 발을 까닥까닥 놀리고 있었다. 손은 스케치북 위에서 바쁘게 움직이고 있었다. 현관에도 복도에도 그다지 그리기 좋을 만한 소재는 없었다. 신발장 위에 놓인 고양이 모양의 장식품이 고작이었다. 대체 뭘 그리 열심히 그리고 있는지 타쿠로가 뒤에서 살짝 엿보려고 했더니, 치아키는 눈치를 챘는지 그리고 있던 그림을 손으로 가렸다.

"아빠한테 보여줄래?"
"왜 보여줘야 하는데?"
"그냥 보고 싶어서."

치아키는 투덜거리면서 스케치북을 타쿠로에게 건네주었다. 치아키의 각도에서 바라본 현관 그림이었다. 특별히 이렇다 할 만한 것은 그려져 있지 않았다.

"잘도 그렸네, 치아키."

타쿠로는 치아키의 머리를 쓰다듬으면서 스케치북을 돌려주었다. 딱히 좋아하지도 그렇다고 부끄러워하지도 않는 표정으로 치아키는 다시 복도에 배를 깔고 엎드려 그림을 계속 그리기 시작했다. 한 시간, 두 시간이 지났는데도 처음의 자세를 흐트러뜨리지 않고 그림을 그리고 있다. 타쿠로가 걱정이 돼서 말을 건네보니 치아키는 연필을 쥔 채 잠들어 있다.

거실 소파에 재우려고 치아키를 안아 든 순간, 새까맣게 칠한 그림이 타쿠로의 눈에 들어왔다. 똑같은 곳을 몇 번씩이나 색칠한 모양이었다. 곳곳에 찢긴 부분이 보였다. 그림을 그리다가 싫증이 나서 색칠로 뒤범벅해놓았는지도 모른다.

그런데 자세히 살펴보니 꼭 그렇지만은 않았다. 새까맣게 칠한 게 아니라 그렇게 보이도록 그림을 겹쳐서 그렸다. 사람의 형상과 얼굴이 몇 겹이나 빽빽하게 그려져 있어서 멀리서 보면 새까만 종이로 보일 정도다.

피곤했던지 치아키는 오랫동안 잠들어 있었다.

그 후부터 치아키는 기묘하고 참신하게 사물을 표현해냈다. 타쿠로는 팬이라도 된 것처럼 치아키의 그림에 흠뻑 빠져들었다. 치아키의 그림은 언뜻 보면 기분이 으스스해지지만 묘한 매력이 있어 자꾸만 빠져 들게 했다. 쉽게 잊을 수 있는 그림들도 아니었다.

타쿠로는 치아키에게 부탁해서 가끔 그림을 받기도 했다. 치아키는 그림을 그리는 속도가 상당히 빨라서 어느새 타쿠로의 서재에 스케치북이 쌓이기 시작했다. 그 중에서도 타쿠로의 마음에 드는 그림은 '목을 맨 곤충'과 '웃고 있는 보살'이다. '목을 맨 곤충'은 치아키가 정원을 바라보면서 그린 그림이었다. 나무에 매달려 있는 곤충을 그린 모양인데 아무리 봐도 이미 해골로 변한 목 맨 시체로밖에 보이지 않았다. '웃고 있는 보살'은 지역 알림판을 들고 온 옆집 여자를 그린 그림이다. 흡사 보살이 웃고 있는 듯했지만 얼굴에는 쓴웃음이 배어 있었다.

그림 제목은 타쿠로가 멋대로 붙였지만, 치아키만 좋다면 그림 옆에 써두고 싶었다. 하지만 그림을 탄생시킨 주인이 제목도 붙여야 한다고 생각해 그냥 두었다.

치아키는 색깔 감각도 좋았다. 색칠하기 스케치북을 사다 주면 금방 알 수 있다. 여자 아이 그림에 색칠을 할 때는 얼굴이나 옷에 일체 색을 칠하지 않는다. 그 대신 눈에서 폭포처럼 녹색 눈물을 흘리게 하는 등 엉뚱한 짓을 한다. 또 동물이 그려진 그림 위에는 색깔을 칠하지 않고 그 배경에 사람 얼굴을 그려 넣거나 그림 전체를 새까맣게 칠하곤 한다. 단지 색칠하기 스케치북인데 이토록 개성이 넘치니 놀랄 일이다.

타쿠로는 치아키가 원하는 대로 그림을 그리게 했다. 거실 벽에 걸려 있는 달력도 치아키에게 점령당한 지 오래다. 쿠스노키가 오는 홀숫날에는 동그라미 표시 대신에 '쏙쏙메뚜기'가 그려져 있다. 그동안 쓸쓸했던 달력이 조금은 왁자지껄해졌다.

스케치북뿐만 아니라 복사 용지, 팩스 용지, 신문에 끼인 전단지의 뒷면도 모두 치아키의 그림으로 채워졌다. 언제부턴가 치아키가 그린 그림이 온통 집 안을 수놓고 있었다.

타쿠로는 연중 대부분을 집에서 보낸다. 직업 작가는 모두 그럴까. 타쿠로는 특히 그랬다. 미팅도 거의 집에서 하고 취재하러 집 밖으로 나가는 일도 거의 없다. 집 밖에 나가는 건 음식물을 사러 역 앞에 가는 정도가 고작이다.

치아키도 유치원에 갈 때 말고는 집에서 나가지 않는다. 놀러 나가지도 않는다. 유치원에서 돌아오면 곧장 타쿠로의 서재에 와서 그림을 그리기 시작한다. 그런 치아키의 모습을 보고 있으면 타쿠로는 미사코가 생각난다.

"치아키, 엄마한테 밥 드려야지."

치아키는 타쿠로가 건네준 밥그릇을 다다미가 깔린 방에 있는 불단에 올려놓는다.

"땡 하고 나무아미타불 해야지."

일러준 대로 치아키는 즐겁게 불단 옆에 있는 작은 종을 울리고 양손을 모은다.

급성 심부전. 미사코가 죽은 이유였다.

푹푹 찌던 어느 여름날 일요일. 부엌에서 아침을 준비하는 소리가 들리지 않았다. 미사코는 자기 일뿐만 아니라 아이도 잘 돌보고 집안일에도 성실했다.

그녀도 피곤해서 늦잠 자는 날이 있겠지. 그렇게 생각하면서 점심 무렵까지 깨우지 않고 내버려두었다. 시간이 한참 지났는데도 미사코는 잠자리에서 일어나지 않았다. 치아키는 엄마가 깨우지 않으면 일어나지 않는다. 슬슬 배가 고파지자 타쿠로는 두 사람을 깨워야겠다고 생각했다.

1층 다다미가 깔린 침실에서 미사코는 치아키를 껴안은 채 잠들어 있었다. 그 자세 그대로 미사코는 영원히 눈을 뜨지 못했다. 새벽 2시에서 3시 사이에 죽음이 그녀를 찾아왔다고 한다. 치아키는 그 사실도 모른 채 엄마의 차가운 시신에 안겨 자고 있었다. 더운 여름날이라 미사코의 차가운 몸이 오히려 기분이 좋았을지도 모르겠다. 잠든 치아키의 얼굴은 아주 평화로웠다. 하지만 미사코의 얼굴은 평화롭다고는 말할 수 없었다. 자고 있었지만 역시 고통스러웠던 모양이다. 아무리 생각해도 너무 순간적인 이별이었다.

"다녀오셨어요?"

어느 날, 현관에서 치아키가 이렇게 말하는 소리가 들렸다. 타쿠로는 서재에서 쿠스노키와 미팅을 하고 있는 중이었다. 누가 왔나 싶어 복도 쪽으로 얼굴을 내밀어보니 치아키 혼자 현관 문을 향해 웃고 있다.

"치아키?"

"집에 왔어."

"집에 오다니, 누가?"

"엄마."

"······엄마?"

"응. 엄마라니까. 엄마 다녀오셨어요?"

아무도 없는 현관을 보고 얼굴 가득 웃음을 띠는 치아키. 치아키에게는 아직 죽음이라는 개념을 가르쳐주지 않았다. 불단에 공양하고 두 손을 모아 머리를 숙이는 행위가 죽은 사람의 명복을 비는 것인 줄도 아직 모르고 있다. 어린 치아키는 사람이 죽는다는 사실을 아직 모르기 때문이다. 부모에게 배우는지, 아니면 자연적으로 알게 되는지. 혹시 유치원에서 가르쳐주지는 않는지. 나 자신은 어떻게 알게 되었는지 타쿠로는 생각을 짜내본다.

치아키는 엄마가 세상을 떠난 그날부터 줄곧 엄마가 잠들어 있다고 여긴다. 잠꾸러기인 엄마가 어디에선가 자고 있기 때문에 아직도 집에 돌아오지 않는 거라고. 그렇게 믿고 있다. 관 속에 누워 있는 엄마를 보는 순간, 치아키는 몇 번이나 몸을 흔들며 깨우려고 했다.

치아키는 언제쯤 엄마가 없다는 사실을 깨닫게 될까. 엄마의 죽음을 처음으로 알게 되면 어떤 변화가 일어날까. 자기 입으로 딸에게 사실을 전할 용기가 없다. 타쿠로는 아직 준비되지 않았다. 아무도 없는 현관을 향해 "다녀오셨어요?"라고 말하는 치아키에게 차마 말할 수는 없다.

"엄마가, 거꾸로 서 있어."

어쨌든 치아키의 눈에는 미사코가 집에 오자마자 물구나무서기를 시작했나보다.

"저것 좀 봐, 아빠. 엄마가 물구나무서기를 해. 엄마 눈이 빨개졌어."

치아키는 아주 재밌어한다. 배를 끌어안고 크게 웃는다. 웃으면서 바닥을 네 발로 기더니 복도를 달려 거실로 사라졌다.

"역시 예술가 집안의 딸이로군요."

뒤편에서 그 광경을 보고 있던 쿠스노키가 저질스럽게 웃었다.

치아키는 유치원에서 돌아오면 2층에 있는 제 방에 가방을 놓고는 곧바로 타쿠로의 서재로 달려온다.

"아빠, 오늘은 쓱쓱메뚜기도, 대머리 아찌도 안 오지?"

"그럼, 둘 다 안 와. 달력 봤잖아?"라고 말했지만 치아키는 달력 보는 방법을 아직도 잘 모른다. 무언가 적혀 있으면 그날은 좋은 일이든 나쁜 일이든 일이 있다는 정도만 안다. 좋은 날은 크리스마스, 생일, 결혼기념일이다. 아무튼 좋은 날은 케이크를 먹을 수 있는 날이다.

나쁜 날은 쿠스노키가 오는 날이다. 유감스럽게도 치아키의 달력에는 나쁜 날이 더 많다. 그날이 나쁜 날이 아님을 확인하면 컴퓨터 키보드를 두드리는 타쿠로 뒤편에서 스케치북을 펴고 12색 색연필을 꺼내 그림을 그리기 시작한다. 치아키는 12색 색연필을 모두 케이스에서 꺼내 자신의 주위에 반원 형태로 죽 늘어놓는다. 그렇게 하는 게 색연필을 쓰기 편한 모양이다.

치아키가 서재에서 놀고 있어도 타쿠로의 작업에는 아무런 방해가 되지 않는다. 오히려 너무 조용해서 가끔씩 아이가 있는지 뒤를 돌아볼 정도다.

그림을 그릴 때 치아키는 타쿠로 이상으로 집중력이 대단하다. 그림을 다 그리면 치아키는 무언가 혼잣말을 시작한다. 타쿠로는 일을 하는 척하면서 귀를 기울인다. 아주 재밌다. 불가사의한 말도 많이 섞여 있다. 주문 같기도 하고 어린아이들끼리 하는 엉망진창 대화 같기도 하다. 혹시 단어를 거꾸로 읽는 건 아닐까. 의미도 없는 말을 연속해서 나열하는 걸까. 아무렇게나 들려도 상관없을 말을 주절거리는 게 재밌는 모양이다. 그렇지만 혼잣말이라고 단정 짓기도 어렵다. 분명 누군가와 대화를 나누고 있기 때문이다. 물론 상대방은 실재하지 않는다. 그림 속의 누군가와 대화를 나누는 걸까. 아니면 상상 속의 엄마와 이야기를 나누는 걸까.

"예술가는 고독해."

생전에 미사코가 자주 했던 말이다.

"예술가들의 감각은 평범한 사람들의 그것과는 달라. 유명한 화가 중에는 이상한 사람이 좀 많잖아. 그 사람들의 눈은 다른 사람들과 다른 것을 보거든. 하지만 본 것을 솔직하게 그리면 정말 미친 사람 취급을 받지. 그런 이유로 나중에는 고독해져."

서로 일을 하다가 잠깐 쉬면서 가끔 이런 대화를 나눴다.

"그래도 자기가 만들고 싶은 것을 계속해서 만들어내는 것이 예술가의 사명일 거야. 많은 사람이 자기 작품을 평가해준 덕에 교과서에 천재 화가로 이름이 오른 사람도 있잖아."

"그 사람이 죽고 나서야 비로소 그 그림의 예술성이 이해되었을 뿐이지. 죽음도 너무 외로웠잖아. 주위 사람들한테 인정도 못 받고 이상한 사람 취급을 받다가 죽었으니까. 설령 나중에 탁월한 예술성을 인정받았다고 해도 백 퍼센트는 아냐. 백 퍼센트 이해할 수 있는 사람은 그림을 그린 장본인뿐이거든."

그렇게 말하는 미사코는 왠지 뽐내는 듯한 표정이었다. 자신은 이해할 수 있다는, 그런 표정 말이다.

"당신도 후세에 이름을 남기고 싶어?"

"난 그들처럼 특별한 눈은 없어. 내가 그린 그림은 어디까지나 내 눈에 머무른 영상일 뿐이야. 그림을 그리는 건 좋지만 예술성을 추구하는 건 아니거든. 하지만 할머니는 어렸을 적부터 불가사의한 것을 자주 보셨대."

미사코의 할머니는 그녀가 초등학교 때 돌아가셨다. 미사코는 할머니가 몹시 이상한 분이었다고 하면서 할머니 이야기를 할 때면 늘 유쾌한 표정을 지었다.

"옛날에는 요괴나 유령 따위가 보였대. 할머니는 텐쿠天狗도 봤다던대. 하늘을 자유로이 날고 신통력이 있다는, 얼굴이 붉고 코가 큰 상상의 동물 말이야."

"당신이 할머니의 눈을 이어받았다면 지금쯤 정말 굉장했을 텐데."

"난 아냐. 내심 기대는 했지만. 근데 태어날 우리 아이는 아마 천재일 거야. 유전은 한 세대 건너서 이어지거든."

언제부터인지 타쿠로는 키보드를 두드리지 않고 있었다. 원고 진행 상황과 책상 위에 놓인 시계를 보고 30분 이상이나 손을 놓고 있다는 사실을 깨달았다. 치아키는 여전히 누군가와 열심히 대화를 나누고 있다.

– 한 세대 건너서 유전이라. 그럴지도 몰라.

존재하지 않는 것을 육안으로 보는 능력이 치아키에게 있는지도. 그런 능력을 현실에 적용하려고 그림을 도구로 하는 건지도. 혹시 치아키는 천재인지도. 치아키에게 화가의 재능이 싹트고 있다면 아마 미사코가 제일 기뻐할 것이다.

치아키가 상상하는 세계는 아주 독특하다. 이 세상에 있는 것을 그리지 않는다. 이제 네 살짜리가. 이렇게 어린 애가 이 세상에 존재하지 않는 것을 상상만으로 그리고 있다. 실재하지 않는 것을 만들어내는 게 얼마나 어려운 일인지 타쿠로는 너무나 잘 알고 있다.

치아키는 아주 잘해내고 있다. 과장해서 말하자면 이 세상에 존재하는 것과 전혀 겹치지 않는, 즉 완벽하게 창조적이고 독립적이면서도 불가사의한 그림을 그려내고 있다.

치아키에게 거는 기대도 크지만, 한편으로는 다른 아이들처럼 평범했으면 좋겠다는 마음도 든다. 다른 아이들처럼 친구를 사귀고, 떼를 쓰면서 때로는 천진난만하게 구는 것도 좋다. 작가와 화가 사이에서 태어난 딸이라고 해서 특별나게 키울 생각은 없다. 그럼에도 그림을 보면 치아키의 재능이 보통이 아님을 새삼 인식하게 된다.

그날 치아키가 그린 그림 세 장에 타쿠로는 그럴듯한 제목을 붙여주었다. '인간 얼굴을 한 사마귀의 흰 구더기', '토마토 얼굴을 한 노인', '눈 없는 고양이'

저녁을 먹으면서 타쿠로가 물었다.
"치아키, 친구 사귀고 싶지 않니?"
치아키는 아무 대답도 하지 않는다. 마치 아무것도 못 들었다는, 그런 표정을 짓고 있다.
"그림도 친구랑 함께 그리면 좋잖아?"
"괜찮아."
"뭐가 괜찮은데?"
"좋지 않아도 괜찮다고."
"좋아서 그림을 그리잖아?"

"아냐."

"그럼 왜 그리는데?"

"나도 몰라."

타쿠로가 보아도 치아키가 그림을 그릴 때 즐거운 표정은 아니다. 무표정. 그린 그림을 보여달라고 하면 보여주기는 하지만 자청해서 보여주지는 않는다. 즐겁지 않다? 그렇다면 특별히 할 게 없어서 그림을 그리는 걸까. 타쿠로는 치아키의 무표정한 가면을 벗겨내고 싶었다.

그림 얘기는 관두고 화제를 바꾼다.

"치아키는 좋아하는 남자 아이 없니?"

치아키는 잠시 생각하더니 타쿠로를 손으로 가리켰다. 심각한 얼굴로 바라보면서. 말을 건 타쿠로가 오히려 당황했다.

"치아키는 아빠가 좋아?"

"엄마가 아빠를 더 좋아해."

치아키는 식사를 마치고 어린이용 의자에서 내려왔다.

"치아키, 뭐 잊은 거 없니?"

"잘 먹었습니다. 엄마, 아빠."

타쿠로가 고개를 끄덕이자 치아키는 스케치북을 들고 타쿠로의 서재로 달려갔다. 치아키의 마음속에는 아직 엄마가 살고 있다. 그래서 엄마를 배려한다. 너무나 좋아하는 엄마에게 너무나 좋아하는 아빠를 양보한 것이다.

테이블 위에 놓인 영정 속의 미사코가 웃고 있다. 이 사진은 타쿠로가 미사코의 부탁으로 찍은 것인데, 그녀가 죽기 꼭 사흘 전이었다. 평소 타쿠로는 사진을 찍지 않는다. 하지만 그날만큼은 아내 미사코가 간절히 부탁했다. 자신이 가장 행복할 때 사진을 찍어달라고, 그렇게 말했다. 간절하게.

촬영 장소는 미사코의 아틀리에였다. 2층에 있는 미사코의 아틀리에에는 아크릴 그림 도구가 풍기는 냄새가 아직도 남아 있다. 벽이나 카펫에 냄새가 배었기 때문이리라. 그것 외에도 여러 가지 그림 도구 냄새가 이리저리 섞여 있다. 그 냄새는 미사코의 것이기도 했다. 치아키한테서는 연필이 풍기는 독특한, 달착지근한 냄새가 난다. 부모 자식은 닮는 모양이다. 그렇게 느껴졌다.

치아키에게 그림에 관해 물어보면 가끔 기발한 대답을 한다.
"치아키, 이건 무슨 그림인데?"
"음……. 이건 다리가 구부러진 사람."
듣고 보니 다리가 구부러진 사람처럼 보인다.
"그럼, 이건?"
"얼굴에 구멍 뚫린 사람."
듣고 보니 얼굴에 구멍이 뚫린 사람처럼 보인다.
"귀신이야?"
"몰라."

"이름은 있어? 이를테면, 이 그림 말야. 이름이 뭔데?"

"노치로."

"노치로? 음. 노치로라."

새까맣고 가늘면서도 긴, 인간이면서도 인간이 아닌, 그 무엇. 그 무엇인 그림에 치아키는 노치로라는 이름을 붙였다. 노치로가 됐든 어쨌든 간에 타쿠로의 눈에는 새까만 사마귀로밖에 보이지 않았다.

"노치로는 아빠를 말하는 거야. 지금 노치로가 이렇게 보고 있어."

치아키는 일어서더니 상체를 흔들흔들하면서 웃었다.

"지금 여기에 노치로가 있단 말이지. 노치로가 아빠랑 친구가 되고 싶나보지?"

치아키는 타쿠로의 질문에 대답하지 않고, 그저 웃으면서 흔들거리고 있다.

노치로의 흉내가 아주 재밌는 모양이다. 치아키의 세계에서는 이런 재미있는 경험이 아주 많은 것 같다. 아이의 상상력에는 한계가 없다. 그러한 상상력이 타쿠로는 되레 부럽기만 하다.

"그럼, 노치로라고 여기에 이름을 써넣을까?"

"몰라.

치아키는 흔들 웃음을 멈추고 심각한 표정이 되었다.

"모처럼 이름을 정했는데, 나중에 잊어버리면 노치로한테 미안

하잖아."

"괜찮아. 저기 좀 봐. 노치로도 깔깔 웃고 있잖아."

치아키는 다시 흔들 웃음을 지으면서 깔깔거리고 웃었다.

원고 집필이 순조로우면 시간에도 여유가 생긴다. 타쿠로는 틈이 나면 치아키를 데리고 드라이브를 나간다. 치아키가 언제나 집에만 있는 게 고맙기도 하지만 한편으로는 걱정도 된다. 치아키가 니트족처럼 집에만 틀어박혀 있으려는 징조를 보이는 건지도 모른다. 혹시 대인기피증일지도.

치아키는 타쿠로의 이런 걱정이 마치 기우였다는 듯이 아빠와 함께하는 외출을 좋아했다. 타쿠로 자신도 원고 집필 중에 여유가 생기면 기분전환도 할 겸 외출을 했다. 갈 데가 있을 때도, 딱히 그렇지 않을 때도 있다.

타쿠로는 치아키가 좋아할 만한 장소에 아이를 데려가려고 애썼다. 유원지나 백화점의 완구 판매장은 어린아이라면 누구나 가고 싶어 하는 장소지만 치아키는 전혀 흥미를 보이지 않았다. 그 대신 인적이 드문 산길이나 초라한 절을 지나치려고 하면 세우라고 졸라댔다.

날이 갈수록 타쿠로는 치아키의 취향을 알게 되었다. 맑은 날보다는 구름 낀 날을, 낮보다는 밤을 좋아했다. 인적이 드물고 어스름하고 고즈넉한 장소. 그리고 타쿠로라면 절대 혼자서는 걷고 싶지 않은 장소를 좋아했다.

그날도 드라이브를 나갔다가 집으로 돌아오는 길에 치아키는 차량 통행이 거의 없는 고갯길에서 내려달라고 했다. 찜찜한 기분이 들었지만 차 안에서 치아키가 난리를 치는 통에 하는 수 없이 갓길에 차를 세웠다. 그러자 치아키는 마치 파충류처럼 소리를 지르면서 스케치북과 색연필을 들고 자동차에서 날 듯이 뛰어내렸다.

"위험하니까 그렇게 뛰어내리면 안 돼!"

치아키에게는 타쿠로의 말이 들리지도 않는 모양이었다. 이미 해가 진 하늘과 땅은 온통 코발트빛으로 물들어 몽환적인 분위기를 자아냈다. 하지만 치아키는 모처럼의 절경에도 아랑곳없이 구부러진 도로표지, 당장이라도 도로 쪽으로 쓰러질 것 같은 고목, 찌부러져 납작해진 가드레일 사이를 왔다갔다 하고 있었다.

망설이고 고민한 끝에 찌부러져 납작해진 가드레일로 정했나보다. 꽤나 심한 충격을 받았는지 가드레일을 받치고 있는 지주가 몇 개나 뽑혀 있다. 자동차에 탄 사람들도 무사하지는 못했으리라. 역시나, 누렇게 변해버린 꽃다발, 뜯지도 않은 담뱃갑, 비어 있는 꽃병이 놓여 있다.

치아키는 '사람이 죽었어요.'라고 말하는 듯한 장소를 유달리 좋아한다. 치아키가 그림을 그리던 장소가 자살 많기로 유명한 곳임을 나중에 알게 되는 경우도 더러 있다. 아무리 예쁜 꽃을 그리고 있어도 어째 기분이 으스스하다.

 가끔 치아키의 발밑에는 국화가 꽂혀 있는 꽃병이나 말라비틀어진 색 바랜 꽃다발이 놓여 있곤 했다. '그 누군가를 위해 바쳐진 꽃'과 함께 코가 뽑힌 채 덜렁거리는 얼굴, 혹은 턱이 엉망진창으로 깨지고 비틀린 얼굴을 아무것도 모르고 그리는 어린 아이를 무턱대고 야단 칠 수만도 없는 노릇이다.

 선택한 장소가 너무 맘에 들면 치아키는 기쁜 나머지 괴상한 콧노래를 부른다. 그 콧노래는 늘 으스스한 기분이 들게 한다. 유치원에서 그런 노래를 가르쳤을 리 만무하다. 마치 고장 난 오르골처럼 갑자기 음정이 들쑥날쑥 변하면서 리듬조차 일정하지 않는 치아키의 콧노래. 일단 콧노래를 부르기 시작하면 타쿠로조차 멈추게 할 재간이 없다.

 치아키는 어느 한곳을 응시한 채 쉬지 않고 섬뜩한 그림을 그려댄다. 타쿠로의 눈에는 보이지 않는 것을.

 한적한 고갯길이지만 가끔은 자동차가 다닌다. 치아키가 도로로 뛰어들지 못하도록 타쿠로가 옆에 앉아 있으니까, 그곳을 지나는 자동차 가운데는 무슨 일인지 일부러 속도를 낮추고 창문으로 얼굴을 내밀어 두 사람을 쳐다보는 사람도 있다. 당연하다. 해도 기울고 가로등도 희미한, 한적한 고갯길 도로변에 부녀가 쭈그리고 앉아 있으니. "아무것도 아녜요." 라며 웃음을 지어 보이면 자동차는 맹렬한 속도로 제 갈 길을 간다.

치아키는 남의 시선은 아랑곳없이 희미한 가로등 밑 어둑한 길가에서 계속 그림을 그리고 있다. 심하게 일그러진 가드레일을 보고 치아키는 대체 어떤 이미지를 떠올리고 있는 걸까.

그날 치아키가 그린 네 장의 그림에 타쿠로는 제목을 붙여보았다.

'머리가 갈라진 여자', '찌그러진 할아버지', '빨갛고 흰 아수라 백작', '비틀린 갓난아기'

여기서 네 명이 죽었다. 이런 생각이 들게 하는 그림이다.

치아키는 영혼 비슷한 것을 그리는 건지도 모른다. 타쿠로가 불현듯 그렇게 느낀 시점은, 7월 13일 미사코의 1주기였다.

"너무 좋다! 아빠, 너무 좋아!"

자동차가 묘지에 도착하자마자 치아키는 신이 나서 떠들기 시작했다. 눈앞에 즐비하게 펼쳐진 묘석을 보고는 흥분해서 자동차 창문 밖으로 몸을 내밀어 머리를 좌우로 흔들어대고 침을 튀기면서 빠른 말투로 뭔가 중얼거렸다. 치아키 나이에는 묘지가 별세계로 보이는 걸까.

어른들이 보면 묘지는 그렇고 그런 장소다. 죽은 사람을 화장시켜 그 연기가 사라진 곳에 무거운 돌을 올려놓았을 뿐인 볼품없는 장소다.

하지만 치아키에게는 전혀 다른 느낌을 주나보다. 글자가 새겨진 묘석이 언제까지고 이어진다. 묘석과 묘석 사이로 보이는 선명한 꽃과 하얀 실처럼 하늘로 피어오르는 연기. 시간이 잠시 멈춘 듯한 적막함. 치아키를 흥분시키는 소재는 얼마든지 널려 있었다.

치아키의 눈에는 여기가 정말 광활한 환상의 세계로 비칠까.

교외가 아니라 마을에 있는 묘지라면 느낌이 사뭇 달랐으리라. 일부러 교외에 있는 묘지를 택한 것은 다행히 묏자리가 비어 있다는 단순한 이유 때문만은 아니었다. 만일 미사코 자신이 선택한다면 틀림없이 이런 조용한 장소를 택했을 거라고 생각했기 때문이다.

주차장에는 전에 본 기억이 있는 왜건 두 대가 주차되어 있었다. 미사코의 친정 식구들이 와 있는 모양이다.

"야호, 야호!"

치아키는 너무 흥분한 나머지 두 손을 앞으로 내민 채 묘지와 묘지 사이를 뛰어다니고 있다. 영화에 나오는 좀비 같다.

"치아키, 위험하니까 이리 와."

"그냥 놔둬, 저렇게 좋아하는데."

타쿠로의 손위 처남이자 미사코의 오빠, 쇼이치가 치아키를 보고 웃으면서 말했다. 쇼이치는 체육 단체에 종사하고 있는 딴딴한 체격의 소유자다. 학생 시절에는 수영 선수로 전국체전에 출전하기도 했다더니, 지금도 역삼각형 체격을 그대로 유지하고 있다. 그 옆에는 마찬가지로 치아키를 바라보며 웃고 있는 그의 아내 유카리가 있다. 늘씬한 몸매가 근사한 미인이다.

"저때가 한창 장난칠 나이야. 우리 아이 히토미가 어렸을 때 일인데, 제 할아버지 1주기 제사 때 얼마나 울었는지 정신이 없었다니까. 나중에 물어보니까 글쎄, 너무 심심해서 울었다는 거야."
"애들은 다 그런 모양이지요. 근데 오늘 히토미는 안 왔어요?"
"곧 시험이래. 그래서 집에 있으라고 했어. 얌전히 공부하고 있는지 어떤지는 몰라도."
"벌써 중학교 2학년이지요? 히토미는 열심히 공부할 타입인데."
"꼭 그렇지도 않아. 애들한테 인기가 많아서."
쇼이치가 씩 웃자 유카리가 팔꿈치로 가볍게 그를 쳤다.
"그건 그렇고."
쇼이치가 갑자기 목소리를 낮추었다.
"일전에 히토미와 친했던 아이가 갑자기 교통사고로 죽었어. 그래서 지금 묘지에 데려오면 더 침울해할 것 같아서. 마침 시험이 있다니까 오히려 다행이야. 뭔가에 열중하면 죽은 친구 생각도 잠시 잊을 수 있겠지."
"그랬군요."
유카리는 작게 한숨을 내뱉더니 눈을 가늘게 뜨고 쇼이치를 바라보았다.
"히토미도 치아키처럼 어디 한 군데 빠지기라도 하면 좋을 텐데, 이 사람을 닮았는지 도통 취미라곤 없어요."
유카리의 말에 쇼이치가 잠시 곤란한 표정을 지었다.

"고등학교에 진학하면 히토미가 좋아할 만한 게 있을 거예요. 오히려 우리 치아키가 앞으로 어떻게 될지 잘 모르겠어요."

"무슨 소릴. 미사코의 딸이잖아. 틀림없이 훌륭한 재능을 타고났을 거야. 저기 좀 봐. 미래의 천재 화가께서 벌써 포인트를 잡은 모양인데."

쇼이치가 손가락으로 가리켰다. 치아키는 누군가의 묘지 앞에 오도카니 앉아 있다. 빈 유리 용기가 몇 개 놓여 있을 뿐 다른 것은 보이지 않는다. 곳곳에 비둘기 똥이 하얗게 말라붙어 있다. 묘석 아랫부분에 이끼가 끼어 있는 걸 보니 근래에는 찾아온 사람이 없는 모양이다. 묘비 자체도 오래됐는지 비바람에 시달린 가늘고 긴 모양이 유령 같다.

치아키는 그곳에 스케치북을 펼쳐놓고 늘 그러듯이 주위에 색연필을 반원 형태로 늘어놓았다. 쇼이치는 치아키를 방해하지 않으려는 듯 살짝 뒤로 다가가서 치아키 옆에 쪼그리고 앉았다. 고개를 살짝 끄덕이며 미소를 머금었던 얼굴이 차츰 변해갔다. 이내 불안한 표정이 된 그는 갑자기 주위를 흘끔 둘러보기 시작했다. 그러곤 기가 막힌다는 표정을 지었다.

쇼이치는 치아키를 방해하지 않으려는 듯 조용히 일어나서 타쿠로에게 다가왔다. 그는 다른 친척들이 눈치채지 못하도록 타쿠로에게 살그머니 손짓을 했다. 다른 친척들은 미사코의 묘지 앞에서 이도 저도 아닌 두서없는 이야기를 나누고 있다.

"매제, 괜찮겠어?"

"무슨 일인데요?"

"쟤, 늘 저런 그림을 그리나?"

자신이 상상한 그림과는 너무 차이가 컸나보다. 타쿠로는 가만히 치아키의 뒤쪽으로 다가가 치아키의 그림을 엿보았다. 치아키는 가만히 앉아 종이 위에 색연필을 놀리고 있을 뿐이다. 익숙한 속도감이라기보다는 무언가에 쫓기는 듯한 초조함이었다. 스케치북에 그려진 그림은 가지런하지 않은 구약나물(곤약)이었다. 묘지를 추상화한 것 같았다. 구약나물 묘지 주위에는 힘없이 고개를 떨군 녹색 인간과 회색 인간이 배회하고 있다. 땅에는 새빨간 여자 얼굴만이 튀어나와 있다. 한 여자는 나무에 거꾸로 매달려 있다. 얼굴은 하나같이 눈, 코, 입이 없는 전설의 귀신이지만, 성별은 제대로 구분 지어 놓았다. 여자는 젖가슴과 긴 머리가 있고, 남자는 성기가 달려 있다. 치아키가 그린 그림 속 귀신은 분명히 사람을 모티브로 그렸다는 걸 알 수 있다. 그런데 사람은 아니다.

"자네 어렸을 때를 생각해봐. 저런 그림을 그렸나?"

쇼이치가 목소리를 낮추며 말했다. 그는 치아키가 그린 그림의 탁월함보다는 불길함을 말하고 있었다. 어린아이가 그린 그림치고는 너무 불길하다. 아이의 상상력이 무궁무진하다 해도 머릿속 내용을 현실화한 그림이라면 누가 봐도 걱정이 될 만한 그림이다.

이런 대화가 오가는 사이 치아키는 새빨간 즙을 전신에 뒤집어

쓴 사람을 그리고 있다. 스케치북에 그려진 그림은 모두 색이 칠해져 있고, 손과 발을 질질 끌며 머리를 아래로 늘어뜨리고 있다. 그런데도 사람이라는 이미지는 뚜렷하다. 묘지에서 그린 그림은 너무 불길한 그림투성이였다.

"여기 그린 건 누구야?"

쇼이치가 가만히 치아키의 등 뒤에서 물어보았다. 치아키는 기다렸다는 듯이 손가락으로 가리키며 대답했다.

"큐라, 하타가이, 이시지카, 음, 그리고 츠즈니, 콘도우미타나키……."

의미도 불분명했지만 사람의 이름이라고는 여겨지지 않았다. 쇼이치는 무슨 말을 해야 할지 모르겠다는 표정으로 타쿠로를 바라봤다.

"미사코와 닮았는지도."

타쿠로는 그렇게 말하면서 쓴웃음으로 대신했다.

"아빠, 잠자리 잡아줘."

치아키가 거실 소파에서 잠깐 눈을 붙이고 있던 타쿠로를 흔들어 깨웠다. 조금 더 자고 싶었지만 치아키가 설치는 걸 보니 진짜 집 안에 잠자리가 들어왔나보다 하고 생각한 타쿠로는 잠이 덜 깬 채 억지로 몸을 일으켰다.

"잠자리가 어디 있는데?"

"여기 무지 많아."

치아키는 거실을 빙그르 돌면서 빙긋 웃었다. 타쿠로에게는 잠자리가 보이지 않았다. 아니, 잠자리는 없었다. 치아키에게만 무지 많은 잠자리가 보이는 거다. 환상의 잠자리를 뒤쫓는 치아키는 눈을 빙글빙글 돌리면서 즐거워하고 있었다. 타쿠로는 단 한 번도 치아키가 거짓말을 하고 있다고 생각해본 적이 없다. 치아키의 눈에는 보인다고 믿고 있다.

아이들의 눈에만 보이는 게 있다. 미사코의 할머니 얘기처럼 어른들 눈에는 보이지 않지만 아이들 눈에는 보인다는 얘기를 아직도 심심치 않게 들을 수 있다. 유령이라도 좋고 귀신이라도 좋다. 그저 치아키가 즐겁게 노는 모습을 바라볼 수만 있다면 두 팔 벌려 환영이다.

잠자리는 '인간의 영혼'이라고 불리는 곤충이다. 물론 타쿠로는 이를 믿지 않지만, 치아키 같은 어린아이에게는 그렇게 보여도 좋지 않을까. 치아키는 그렇게 제 눈으로 본 것을 말로 하고 그림을 그려 어른들에게 알려준다. 치아키에게도 타쿠로에게도 지금 이 순간에만 느낄 수 있는 귀중한 경험이다.

"좋았어. 그럼 잘 봐. 아빠가 전부 잡아줄게."

타쿠로는 보이지 않는 잠자리를 쫓아가서 잡는 시늉을 했다. 집게손가락을 빙글빙글 돌려서 테이블 위에 앉아 있는 잠자리의 눈을 현혹시키고, 나머지 한 손은 잠자리를 잡으려고 살그머니 갖다 대지만 잠자리는 휙 하고 날아가버린다.

이번에는 마치 미꾸라지를 잡는 포즈로 양손을 모아 붙잡으려고 했다. 형체가 없는 환상의 잠자리를 상대로 타쿠로는 치아키에게 재미있는 연기를 보여주려고 노력한다. 그런데 치아키는 "아!" 혹은 "아아!" 하며 탄성을 지르면서도 표정을 일그러뜨리거나 눈동자를 딴 데로 돌리곤 한다.

뭔가 잘못 돌아가고 있는 걸까.

"아빠, 그러면 안 돼. 전부 찌그러뜨렸잖아."

그러더니 티슈를 몇 장 뽑아 타쿠로의 손을 닦아주었다. 치아키의 눈에는 아빠가 공중을 날아다니는 잠자리를 잡아 으깨는 모습이 비친 모양이다.

2

 누구나 급해지는 걸 싫어한다. 사람은 제각기 자기 페이스가 있는데, 이를 흩뜨려놓기 때문이다. 자동차를 운전하는 사람은 더욱 그렇다. 그런데도 쿠스노키는 뒷좌석에서 상반신을 길게 빼고 좀 더 빨리 갈 수 없냐는 둥 클랙슨을 빵빵거리라는 둥 지름길을 모르냐는 둥 큰 소리로 계속 떠들어댔다. 택시 운전사의 곤혹스러운 시선이 리어 미러 너머로 타쿠로에게까지 무참히 꽂힌다.

 오늘은 이케부쿠로 역전 빌딩에 있는 서점에서 타쿠로의 인기 시리즈 '어둠의 상인' 최신작인 <가죽장갑>의 출판 기념 사인회가 열리는 날이다. 하지만 쿠스노키의 실수 탓에 아무리 서둘러도 이벤트 시작 직전에나 사인회장에 도착하게 될 것 같다.

 "팬의 입장에서는 기다리는 것도 하나의 즐거움이니까, 오히려 잘됐죠 뭐."

 쿠스노키는 변명을 툭 내뱉었다. 타쿠로는 아무 대꾸 없이 차창에 기대어 바깥을 바라보았다. 길거리를 관찰하는 행위는 작품을 위한 것이다. 타쿠로가 쓴 작품 대부분은 일본의 현대 도시를 무대로 삼았다. 작품 무대를 리얼하게 묘사함으로써 독자들은 쉽게 그의 작품에 몰입했다.

택시가 큰 교차로에서 신호에 걸려 멈춰 섰다. 유모차를 밀고 가는 누더기 차림의 키 큰 남자가 택시 쪽으로 다가왔다. 차림새가 영판 노숙자다. 뒤 차가 비키라고 계속 클랙슨을 울려댔지만, 썩은 바나나 껍질 같은 코트를 걸친 남자는 쳐다보지도 않았다.

 타쿠로가 흥미로운 듯 남자를 바라보고 있자니 남자와 눈이 마주쳤다. 남자는 보물이라도 찾은 듯 눈을 휘둥그렇게 뜨고 유모차에서 뭔가를 끄집어내더니 택시로 다가왔다. 썩은 이 두세 개밖에 남지 않은 잇몸을 드러내며 위협적인 밀림의 원숭이처럼 차 안을 들여다보았다.

 "뭐야, 저리 가. 더럽잖아."

 도둑고양이를 쫓아내듯 손사래를 치는 운전사. 계속 울려대는 클랙슨에도 개의치 않고 노숙자는 택시 차문에 바싹 달라붙어 뭐라고 큰 소리로 떠들면서 얼굴을 차창에 비벼대고 있다. 그는 맹렬한 기세로 차 안을 들여다보려고 했다. 차창은 그의 얼굴에서 흘러내린 하얀 지방질과 타액으로 끈적였다. 타쿠로는 허공으로 얼굴을 치키듯 순간적으로 그의 얼굴로부터 거리를 확보했다.

 "기사 아저씨, 빨리 갑시다."

 쿠스노키가 또다시 쓸데없는 말을 내뱉었다. 아직 붉은 신호였다. 노숙자 남자는 타쿠로와 다시 눈을 맞추려는 듯 차 안으로 분주히 시선을 보내고 있다. 신호가 바뀌자 택시가 천천히 출발했다. 그렇지 않으면 노숙자가 위험할 수도 있기 때문이다.

그런데 택시가 움직이자 노숙자는 갑자기 얌전해지더니 자세를 바로 하고 경례를 붙인 채 택시가 떠나는 모습을 지켜보는 것이다.

"겁나네요. 노숙자가 되면 머리까지 이상해지나봐요."

"근데 쿠스노키 씨. 방금 그 사람 내 책을 갖고 있지 않았나요?"

그랬다. 그가 유모차에서 꺼낸 건 갓 출판한 타쿠로의 작품이었다.

"착각이겠지요. 그럼 저 노숙자가 사인회에 가는 길이었다는 말씀이세요?"

"그렇지만 방금……."

"그렇다면 좋은 일이지요. 뭐 하면 노숙자까지도 절찬, 이라고 책 띠에 써 붙일까요?"

쿠스노키는 비아냥거리며 불쾌한 목소리로 웃어댔다. 그건 분명히 타쿠로의 책이었다. 내심 놀랐지만 생각하기에 따라서 책읽기를 좋아하는 노숙자가 있지 말라는 법도 없다.

매일 끼니를 해결할 걱정만으로도 힘들 그가 책을 사려고 돈을 지불했다면 작가로서 대단히 결례되는 행동을 한 셈이다. 어디선가 책을 주웠는지도 모르지만.

타쿠로는 작가 프로필에 반드시 사진을 첨부하기에 독자들에게도 얼굴이 알려져 있다. 아마 그 노숙자도 자신이 읽은 책의 작가가 택시를 타고 지나가는 걸 봤기에 흥분했는지도 모른다.

쿠스노키는 아직 웃고 있다. 여전히 익숙해지지 않는 불쾌한 웃음소리다. 누군가 용서해준다면 타쿠로는 그의 얼굴을 한 대 갈기고 싶은 심정이었다.

쿠스노키는 한동안 웃더니 갑자기 생각난 듯 가방에서 검정색 수첩을 꺼냈다. 스케줄을 확인해봤자 이제 와서 사인회 개시 시간에 맞출 수는 없다.

쿠스노키는 빙긋 웃는 얼굴로 손목시계를 바라보더니 중얼거리면서 수첩에 볼펜으로 뭔가를 적기 시작했다.

"그런데 사인회는 몇 시까지 하나요?"

가만히 수첩을 바라보자, 쿠스노키는 서둘러 수첩을 덮으려고 했다.

"이건 그게 아니라. 실은 웃음의 수첩이에요."

"예? 웃음의 수첩?"

쿠스노키는 수첩을 가방에 넣더니 중요한 물건이라도 들어 있는 듯 그 가방을 가슴에 꼭 껴안았다.

"내가 아는 사람 중에 심령술사가 있거든요. 그 사람이 말하길, 내가 웃고 있으면 평생 건강하고 행복한 생활을 보낼 수 있대요. 얼굴과 머리가 복을 불러들이는 모양이라나."

대머리가 복을 부를 정도라면 대다수 사람은 벌써 행복에 겨울 것이다. 심령술사는 적당한 말로 그를 달랬을지도 모른다.

"아무튼 좋은 이야기네요. 그런데 웃을 때마다 뭔가 체크를 하나요?"

"그렇다고 볼 수도 있죠. 혹시 피스 마크라고 아세요? 노란 얼굴에 입이 바나나 모양으로 되어 있는."

"스마일 표시로 자주 쓰이는 피스 마크 말이에요?"

"네. 바로 그거요. 그 마크를 그날 제일 많이 웃은 분량만큼 수첩에 그려 넣어요. 그게 많이 모일수록 복의 신령이 내게 행복을 신나게 던져준다는 이치지요."

그래서 그런지 쿠스노키의 웃음은 다소 과장되었고, 남들에게 보여주는 웃음이었다.

"그 웃는 얼굴을 선생님은 믿지 않겠지만요. 웃으면 복이 온다고 하잖아요. 정말이라니까요."

"그랬군요."

"예. 특히 저처럼 얼굴이랑 머리 모양이 복덩어리인 복안복두福顔福頭인 사람은 웃으면 바로 복이 굴러들어오거든요."

"바다의 수호신 에비스처럼 벙글거리는 얼굴을 말씀하시는지요?"

쿠스노키는 바로 그거라는 듯 손으로 무릎을 탁 쳤다.

"바로 그거예요! 에비스! 그래서 난 복의 신령을 믿거든요. 행복은 사람의 힘만으로는 누릴 수 없어요. 물론 행복의 신만 있지는 않아요. 가난의 신, 죽음의 신도 있죠. 난 그 모두를 믿어요."

"신이라, 난 그쪽 계통은……."

"인간의 운명을 좌지우지하는 존재는 반드시 있어요. 가난이 최악이지요. 아까 노숙자 보셨지요? 가난의 신 그 자체예요. 우리 모두 그 사람처럼 되지 않도록 열심히 살아보자고요."

쿠스노키는 크게 웃더니 '웃음의 수첩'을 가방에서 다시 꺼내 들었다.

"여러분, 순번이 적힌 종이를 들고 이쪽으로 줄을 서주십시오."

서점 직원 몇 명이 손님들의 줄서기를 도와주고 있다. 타쿠로의 팬 중에는 유난히 별난 사람이 많다. 줄서 있는 사람들만 해도 독특한 옷차림을 한 사람이 눈에 많이 띈다. 사인회보다는 다른 목적으로 모인 사람들 같아 흥미롭기도 하지만, 이런 광경은 그 중심에 타쿠로 자신이 있다는 사실을 늘 상기시켜준다. 그는 그들을 그렇게 만드는 중심인물인 셈이다.

'어둠의 상인' 시리즈는 타쿠로의 대표작이다. 주인공인 외팔인 남자가 이 세상에 알려져서는 절대로 안 되는 물건을 도시의 암흑세계에서 팔고 있다. 그 물건을 사는 자는 이미 죽은 사람이거나 태어나기 직전의 생명이기도 하고, 곧 죽을 운명의 소유자이기도 하다. 작품은 메스꺼울 정도로 그로테스크한 묘사가 많고 처음부터 끝까지 어두운 분위기를 띠고 있다.

광적인 팬들은 작품에 나오는 인물의 옷차림을 하고 사인회 등에 모여든다. 안대와 마스크를 한 로리타룩의 소녀, 손톱과 입술을 새까맣게 칠하고 고양이 귀를 단 여자, 이번 작품의 메인 캐릭터인 검은 장갑을 낀 연금술사 등등. 흡사 미국의 할로윈 축제를 보는 느낌이다. 젊은 층을 대상으로 한 작품이라 타쿠로는 진하고 독특한 캐릭터를 만들어냈다. 그렇다면 그의 의도는 성공했는지도 모른다.

서점 직원의 알림과 동시에 사인회가 시작되었다. 맨 앞에 서 있던 회색 코트를 입은 사람이 타쿠로 앞에 섰다. 코트 색과 똑같은 회색 모자를 깊숙이 눌러 쓰고 옷깃을 세운데다 선글라스까지 써서 얼굴을 전혀 알아볼 수가 없다. 그러나 여기에 모인 사람이라면 누구나 그 차림새가 '코트 차림의 사신死神'의 옷차림인 줄 알고 있다. 타쿠로의 데뷔작인 <연속 살신殺神>에 등장하는 죽음의 징조를 알리는 캐릭터이다. 손에는 커버가 닳아 찢어진 <연속 살신>과 방금 구입한 <검은 장갑>이 들려 있다.

"제일 처음이신데, 어디서 오셨는지요?"

타쿠로의 질문에 '코트 차림의 사신'이 손가락으로 먼 곳을 가리켰다. 영락없이 소설에 나오는 캐릭터와 똑같은 몸짓을 한다. '코트 차림의 사신'은 대사가 없고, 의미가 있는 방향으로 손가락을 들어 가리킬 뿐이다. 감동과 동시에 기쁨이 밀려왔다.

"뭐라고 써드릴까요?"

사인을 받으려고 내민 가죽 장갑이 떨리고 있다. 꽤나 긴장한 모양이다. 떨고 있는 엄지손가락이 책 위에 글자를 써내려갔다. 대화를 나누고 싶은 마음은 전혀 없나보다. 조금은 번거로웠지만 손가락으로 무엇을 쓰는지 열심히 알아내려고 했다. 타쿠로는 손을 보고 깜짝 놀랐다. '코트 차림의 사신'의 손등은 뼈와 가죽만 남아 앙상했고, 손가락 관절 부분은 주름이 몇 겹 깊게 패어 있었다. 그 손은 결코 젊은 사람의 손은 아니었다. 살짝 눈을 치켜뜨고 얼굴을 바라보았지만, 의상으로 솜씨 좋게 얼굴을 가리고 있다.

"사신死神이라고 써주세요."

의아해하는 타쿠로의 시선을 눈치챘는지 '코트 차림의 사신'은 겨우 입에서 말을 내뱉었다. 타쿠로가 악수를 청하려고 손을 내밀자 앙상하고 차가운 양손이 힘없이 그의 손을 쥐었다.

"고맙습니다."

사신 복장을 한 그는 정중히 인사를 하더니 사인이 적힌 책을 쥐고 삐걱거리는 걸음걸이로 도망치듯 사인회장을 빠져나갔다. 목소리로 판단했을 때 60대나 70대 여성이었다. 그렇게 나이 많은 할머니가 사신 복장을 하고 사인회에 오다니. 하긴 택시를 타고 오다가 본 노숙자도 있지 않은가.

타쿠로 자신도 팬 층이 넓다는 사실에 새삼 놀랐다. '사신'이 팬층을 폭넓게 해준다면 그야말로 일거양득인 셈이다. 안대와 마스크를 한 로리타 복장의 소녀에게 사인을 하면서 타쿠로는 그렇게 생각했다.

여름은 사람을 땀 냄새로 얼룩지게 만든다. 더욱이 쿠스노키의 몸에서 나는 냄새는 최악이었다. 그날 그는 상대방의 눈까지 오염

시키고야 마는 냄새를 풍기고 있었다. 타쿠로는 그에게 치아키가 유치원에 가고 없는 오전 중에 와달라고 부탁했다.

"너무 바빠서 집에도 못 들어가는 모양이지요?"

타쿠로의 말에 쿠스노키는 의아한 듯이 고개를 갸웃거렸다.

"매일 집에 들어가는데요. 왜요?"

"집에서도 샤워는 하지 않는 모양이지요?"라고 물을 수는 없었다. 쿠스노키가 보기보다 상당히 예민하다는 사실을 타쿠로는 잘 알고 있다. 그에게 말할 때는 꽤 신경을 쓰는 편이다.

"저 있잖아요. 최근에 제 운세가 급상승하고 있어요."

오늘은 미팅 건이 아니었다.

쿠스노키는 일전에 말한 심령술사 얘기를 하고 싶어서 일부러 타쿠로의 집을 찾아왔다.

"무슨 좋은 일이라도 있었어요?"

"아뇨. 하지만 일생을 바쳐 하고 싶은 일이 생겼어요."

꽤나 반가운 말이다. 그러나 일 이야기는 아닌 듯싶다.

"이참에 이사를 할까 생각 중이에요."

"심기일전할 만한 일이라도 생겼나봐요?"

이사하기 전에 목욕부터 해라. 타쿠로는 속으로 중얼거렸다.

"아시다시피 제가 아직 독신이잖아요. 비밀이지만 아직 총각 딱지도 못 뗐어요! 하지만 그대로가 좋다고 내 안의 신이 가르쳐주더군요."

쿠스노키는 흥분한 나머지 침을 튀기면서 열변을 쏟아냈다.

"제가 지금까지 쌓아놓은 웃음의 에너지가 수첩을 가득 채웠어요. 뭐라고 할까. 그 덕분에 지금 제 운세가 급상승 중이라는 거죠. 그래서 이참에 생활 패턴도 바꿔볼까 해서요."

"그래서 이사를?"

"그런 셈이지요."

"어디로 이사하는데요?"

"바로 이 근처예요."

쿠스노키는 당연하다는 듯이 대답했다. 타쿠로는 달갑지 않은 기색을 내비쳤다. 그렇다고 쿠스노키가 미안해 하거나 하지는 않았다.

"인생의 방향이 정해지니 정말 마음이 개운해지네요."

쿠스노키 본인은 마음이 개운해서 웃었겠지만 타쿠로에게는 개운함과는 거리가 먼, 꺼림칙한 웃음이었다.

전혀 미동도 하지 않는 치아키를 보는 날이 차츰 많아졌다. 뭔가를 응시한 채 굳어버린 치아키. 먼 곳을 바라보는지 아니면 가까운 곳을 바라보는 건지조차 잘 모르겠다. 지금부터 무엇을 그릴지 생각하거나 혹은 그릴 것을 눈으로 보고 있는 모양이다.

한 시간이 넘도록 한 곳을 응시한 채 미동도 하지 않을 때도 있다. 그렇게 자신의 속박에서 풀려나오는 즉시 취하는 행동은 단

한 가지. 그림을 그린다. 한번 색연필을 손에 쥐면 그림을 다 그릴 때까지 다른 곳으로 눈 한번 돌리지 않는다. 마치 그림을 그리는 게 사명인 것처럼.

그림을 그릴 때면 치아키는 뭔가를 두려워하는 듯 안절부절못하면서 종이 위에 급하게 색연필을 놀렸다. 치아키에게만 보이는 것들. 그것이 뭔지는 타쿠로도 모른다. 영혼일지도 모르고, 치아키의 상상에서 비롯된 것일 수도 있다. 정체가 무엇인지 몰라도 그것은 계속 치아키가 그림을 그리게 만든다.

 – 나를 그려.

그러한 사명이 갑자기 치아키에게 떨어지는 모양이다. 시도 때도 없이 그렇게 치아키는 그림을 그리고 있다.

"아빠, 있잖아, 아빠, 나 나갈래, 치아키, 나갈 거야."

목욕물에 들어간 지 10분도 채 안 됐는데 치아키는 몸을 비비 꼬고 있다.

"아직 멀었어. 몸이 데워져야지."

"다했다니까. 다했다고. 이제 더워."

치아키가 욕조를 발로 걷어차기 시작한다. 이렇게 되면 어떤 말로도 달랠 수가 없다. 욕조가 망가지기 전에 타쿠로가 물러서는 편이 빠르다.

"알았어, 알았으니까 열까지 숫자를 세."

"하나, 둘, 셋, 넷, 다섯."

"그렇게 빨리 세지 말고. 아빠 따라 해봐. 하나아, 두울, 세엣."

치아키는 안절부절못하면서 열까지 천천히 세고 나서는 욕조에서 튀어나와 서둘러 목욕탕을 빠져나갔다.

"감기 들지 모르니까 물기 잘 닦아야지!"

타쿠로의 말은 이미 물 건너간 지 오래다. 희뿌연 욕실 유리문 너머로 치아키의 모습이 순식간에 사라졌다.

"치아키, 옷을 제대로 입어야지."

아마도 또 그림을 그리러 갔을 것이다. 오직 하나에만 집착해서 모든 시간을 그림에 다 쏟아 붓는 모습이 생전의 미사코와 너무 닮았다. 그림을 그리는 게 해롭다는 말은 아직 들은 적이 없다. 그렇지만 기이할 정도로 그림에 집착하는 태도는 걱정이 되고 남을 지경이다.

게다가 치아키는 타쿠로의 말을 잘 듣지도 않았다. 미사코가 살아 있을 때는 이 정도는 아니었다. 지금은 시기상조이지만 언젠가 새엄마가 필요할지도 모르겠다는 생각이 들었다.

탕탕, 하고 목욕탕 유리문을 두드리는 소리가 났다. 치아키가 장난치나보다. 따끔하게 혼내주려고 타쿠로는 유리문 너머를 바라보았다. 생판 모르는 여자가 목욕탕을 들여다보고 있다. 바닥에 쭈그리고 앉았는지 유리문 아랫부분에 얼굴이 있다. 긴 머리칼을 새까만 먹물처럼 늘어뜨린, 새파란 얼굴의 여자.

타쿠로는 하마터면 자신도 모르게 소리를 지를 뻔했지만, 치아키가 그린 그림인 것을 알아차리고 목구멍까지 넘어온 소리를 꿀꺽 삼켰다. 스케치북을 펼쳐서 유리문에 댄 것이리라. 여자의 새파란 얼굴이 유리문에 닿자 그것은 그림 이상으로 생생해 보였다. 마치 얼굴이 새파란 여자가 유리문에 얼굴을 들이댄 채 목욕탕을 엿보고 있는 것처럼 느껴졌다.

"치아키, 장난 그만 쳐. 물기 제대로 닦고 옷도 입어야지."

새파란 얼굴이 없어지고 치아키가 종종걸음으로 도망치는 소리가 들렸다. 그 후로 치아키는 새파란 얼굴을 그리게 되었다.

일이 바빠지면서 타쿠로가 서재에서 나오는 일은 점점 더 줄어들었다. 치아키와 드라이브할 여유도 거의 없었다. 아침부터 저녁까지 줄곧 책상 앞에 앉아 있는 것도 고통이라면 고통이다. 정신적으로도 힘들기 때문이리라.

그 즈음 웬일인지 쿠스노키가 집에 오는 횟수도 줄었다. 대신 이메일이나 전화, 팩스로 일을 진행하는 경우가 많아졌다. 마지막 팩스가 도착한 것을 확인한 후 타쿠로는 책상 위에 놓인 시계를 봤다. 시침이 밤 11시를 가리키고 있었다. 무려 15시간이나 책상 앞에 앉아 있었다. 유치원에 가는 치아키를 데려다주고, 데려 올 때 빼고는.

타쿠로는 바깥 공기를 쐬고 싶었다. 푹푹 찌는 날씨 때문에 실내가 눅눅했다. 몸 안에 나쁜 공기만 가득 찬 것 같아 머릿속이 개운 치가 않았다. 모처럼 구상한 줄거리도 작품이 되기 전에 푹 썩어 버리고 말 것 같았다. 옆에서는 치아키가 베개를 끌어안고 쌔근쌔근 잠들어 있다. 타쿠로는 이불을 다시 덮어주고 지갑과 열쇠를 챙겨 서재에서 나가려고 일어섰다.

"아빠, 어디 가?"

소리를 내지 않으려고 신경을 많이 썼는데도 치아키가 잠을 깨고 말았다.

"잠깐 산책할 거야. 아빠 금방 올게."

"나도 같이 가."

치아키는 머리맡에 놔둔 스케치북과 색연필을 끌어당겼다.

"안 돼. 너무 늦었어."

"갈 거야!"

치아키가 타쿠로의 다리에 휘감겼다. 이렇게 된 이상 안 데려갈 재간이 없다. 할 수 없이 타쿠로는 고개를 끄덕이고 말았다. 제 딴에도 잠옷 차림은 창피했는지 2층으로 올라가 금방 옷을 갈아입고 내려왔다. 훌쩍 밤바람이라도 쐴 요량이었지만, 오늘은 그나마도 힘들게 됐다.

바깥바람은 시원했다.

자동판매기에서 캔 커피와 아이스코코아를 뽑았다. 모처럼 나온 것이니 치아키에게 강을 보여주고 싶었다. 낮에 보는 강이 아닌 밤에 보는 강.

강을 따라 이어지는 자갈길을 걸어 수로교까지 갔다가 돌아올 예정이다. 타쿠로도 오랜만에 걸어보는 산책 코스다. 평소에는 위험해서 치아키를 강에 데려가진 않는다. 치아키가 좋아할 만한 강이지만 혼자 강에 가기라도 하면 큰일이다. 집 근처를 흐르는 강은 그리 깨끗하지 않았다. 몇 년 전만 해도 공장 폐수를 몰래 버리는 바람에 강바닥 진흙에 들러붙은 오염 물질에서 메탄가스가 올라오곤 했다.

최근에 들어서야 간간이 물고기가 노니는 모습을 볼 수 있게 되었다. 그간 주민들이 마을 미화 운동을 벌인 덕이다. 몰래 공장 폐수를 버린 회사는 주민들의 압력으로 마을에서 자취를 감추었고, 공장 터만 폐허로 덩그러니 남아 있다.

그 후로도 마을 주민들의 미화 운동이 꾸준히 지속되어 지금은 아파트나 공원에도 화분을 놓거나 화단을 만들어 꽃과 나무를 심고 있다. 강바닥의 오염된 진흙도 상당 부분을 걷어냈지만 아직도 강물은 뿌옇다. 그래도 타쿠로에게는 많은 추억이 깃든 곳이다.

타쿠로는 치아키의 작은 손을 감싸 쥐었다. 치아키도 타쿠로의 손을 꼭 잡았다.

몇 년 전에 쫓겨난 공장 폐허. 잡고양이들의 서식처가 되어버린 폐자재 창고. 그 가운데 길을 벗어나면 넓은 공터가 나온다. 아마도 새 건물이 들어설 자리인 모양이다. 무슨 이유인지는 몰라도 줄곧 비어 있다. 건물이 들어설 계획 자체가 무산되었는지도 모른다. 공터 주위에 둘렀던 출입 제한 테이프도 이미 뜯어져 나가 원한다면 언제든 안으로 들어갈 수도 있다.

공터를 곁눈질하면서 앞으로 걸어가면 공원이 보인다. 공원이라고 해봤자 놀이기구는 오래된 그네와 정글짐뿐이다. 정글짐은 군데군데 페인트칠이 벗겨지고 시뻘겋게 녹슨 내부가 드러나 원래 색깔이 어땠는지 짐작조차 가지 않을 만큼 흉물스럽게 변해 있었다.

공원 한구석에는 자줏빛 글라디올러스가 피어 있다. 벽돌로 둘러싸인 걸 보니 화단인 모양이다. 하지만 이 공원에서 이 꽃을 보는 사람은 극히 드물 게다.

타쿠로는 이 공원에서 아이가 놀고 있는 광경을 한 번도 본 적이 없다. 전에는 여기서 공장 직원들이 점심시간에 야구를 하는 모습을 자주 봤지만, 인적 없는 폐허로 변한 공장 옆에서 공원은 죽은 듯이 조용하기만 하다.

공원을 통과하면 짧은 언덕길이 있고 곧이어 자갈길이 모습을 드러낸다. 그 길은 강변을 따라 이어져 있다. 자갈길이야말로 타쿠로의 산책 코스였다. 자갈길에서 강 쪽으로는 콘크리트로 된 내리막길이 있다. 내리막길의 경사진 부분에는 네모난 초콜릿처럼 요철이 있고, 그 아래로는 좁은 길이 나 있다. 하지만 가로등 불빛이 미치지 않는 곳이라 밤에 걷기에는 안전하지가 않다.

건물이라고는 오래전에 이미 기능을 상실한 공장뿐, 주위에 밤의 적막함을 깨뜨릴 만한 것은 찾아볼 수 없다. 여기서 고작 십 분만 걸어가면 쉴 새 없이 자동차가 오가는 도로와 심야에도 사람 통행이 끊이지 않는 편의점이 있다니. 묘한 느낌이 든다.

손목시계의 시간은 23시 30분을 가리키고 있다. 한밤중이다. 강 건너편에 보이는 단독주택과 아파트의 창가에 불빛이라곤 찾아볼 수 없다. 지금 이 세상에서 깨어 있는 사람은 우리 둘뿐이라는 생각이 든다.

치아키는 졸린 내색은커녕 처음으로 보는 밤의 강에 흥분하고 있었다. 어둠에 잠긴 강은 그저 어두울 뿐 타쿠로에게는 그다지 감흥을 주지 못했지만 치아키 마음에는 쏙 든 모양이다.

강물이 흐르면서 찰랑거리는 소리. 물소리에 섞여 가끔 물고기가 튀어 오르는 소리가 들려왔다. 이렇게 오염된 강에 아직도 팔팔하게 살아 있는 물고기가 있나 보다. 타쿠로는 강물에 시선을 집중시킨다. 소리는 들려도 물고기의 모습은 확인할 수 없다. 한밤중이니 당연하다면 당연한 일이다.

가로등이 툭, 툭, 먼 간격으로 떨어져 있다. 불빛과 불빛 사이는 겨우 몇 걸음이 전부인데도 완전히 어둠에 휩싸이는 부분이 있다. 타쿠로는 그 부분을 조금 빨리 걸었다. 좁은 다리가 보였다.

수로교. 한 사람이 겨우 지나갈 만큼 폭이 비좁은 다리다. 집에서 나올 때는 수로교까지 가면 다시 집으로 돌아올 예정이었다. 그런데 치아키가 갑자기 발걸음을 멈추더니 타쿠로와 잡고 있던 손을 뺐다.

"치아키, 이젠 집에 가야 돼."

치아키는 타쿠로의 말을 무시하고 새된 소리를 질렀다. 그리고 옷이 더럽혀지든 말든 자갈길에 엉덩이를 깔고 털썩 주저앉았다. 치아키의 눈에는 강밖에 보이지 않는다. 치아키가 무엇을 하고 싶어하는지 타쿠로는 알고 있다.

스케치북과 색연필. 치아키는 늘 이 둘을 갖고 다닌다. 스케치북을 펼치고 색연필 케이스의 뚜껑을 열더니 쓱쓱 그림을 그리기 시작했다. 타구로는 어쩔 수 없이 치아키 곁에 앉았다. 이렇게 된 이상 차라리 기분 좋게 스치는 밤바람과 강물 소리를 즐기자고 마음을 고쳐 먹었다.

"치아키, 엉덩이 아프지 않아?"

"아니."

그럴 리가 없다. 주위에는 큼직큼직한 자갈이 많다. 타쿠로는 치아키를 안아 올려 무릎 위에 앉혔다. 타쿠로의 무릎 위에서 치아키는 밤의 강을 정신없이 담아내고 있다.

"아빠, 산책 가자."

다음 날 밤 11시.

치아키는 이불에서 얼굴을 내밀더니 글을 쓰고 있는 타쿠로의 등 뒤에서 말을 걸었다. 치아키는 타쿠로가 일을 하든 안 하든 개의치 않았다. 타쿠로가 시큰둥하면 가고 싶다, 가고 싶다고 큰 소리를 내며 찡찡거렸다. 그러면 늘 타쿠로가 져주곤 했다.

"시원한 음료수라도 사서 슬슬 갔다 올까나."

치아키는 고개를 크게 끄덕이고 옷을 갈아입으러 제 방으로 뛰어올라갔다. 지금까지 타쿠로는 치아키를 데리고 여러 곳에 다녀보았다. 어디를 데려가도 한 번 가본 곳은 두 번 다시 가려고 하지 않았다. 흥미가 없어져서일까. 그런데 한밤중에 강을 산책하는 일은 치아키에게 특별한 모양이다.

결혼하고 나서 얼마 지나지 않았을 때였다. 강변을 따라 이어진 길은 타쿠로가 아주 마음에 들어하는 장소였다. 자주 밤중에 집을 나와 그저 무심히 시원한 밤바람을 쐬며 자갈길을 걸었다. 여름을 아주 싫어하는 타쿠로지만 산책 시간만큼은 각별했다. 밤 산책은 기분을 상쾌하게 한다.

그날은 타쿠로도 미사코도 일할 기분이 나지 않았다. 타쿠로가 밤 산책을 나가려고 하자 미사코도 2층에서 내려오더니 "같이 가자."고 했다. 그날 이후로 두 사람은 함께 밤 산책을 다니게 되었다.

차락차락.

귓가에 기분 좋게 들리는 자갈 밟는 소리.

토독토독.

물고기가 튀어 오르는 소리에 늘 놀라고 만다.

사라락 사라락.

들풀이 바람에 흔들리며 잎과 잎이 비벼대는 소리.

계절에 따라서 치리릭 치리릭 들려오는 벌레들의 울음소리.

두 사람의 기척을 알고 밤 매미가 공장의 벽을 치고 날아오르는 트리릭 하는 소리.

서로가 호흡하는 소리.

조용한 곳이라 평소에는 들리지 않는 소리가 귀에 많이 스친다. 살포시 눈을 감으면 고향 산길이 떠오른다. 미사코는 어린 시절 얘기를 들려주었다. 타쿠로도 책벌레였던 자신의 어린 시절을 미사코에게 속삭였다.

매일 밤, 두 사람은 이야기를 나누었다. 더운 날에는 자동판매기에서 산 차가운 캔 주스를 한 손에 들고, 밤바람이 차고 몸이 얼어붙을 것같이 추운 날에는 뜨거운 캔 커피를 양손에 쥐고.

천천히. 여유 있게. 전진하는 게 목표가 아니기 때문에 천천히 거닐었다. 두 사람의 이상적인 미래에 관해 이야기를 나누었다. 자동차를 바꾸는 문제로 잠시 다투기도 했다. 사소한 이유로 말다툼을 한 적도 있다. 부부 싸움을 해도 언제나처럼 밤 산책길을 거닐며 머리를 식혔다.

부끄러워하면서 손을 맞잡고 걸은 적도 있다. 타쿠로는 미사코의 오른손 가운뎃손가락 첫 마디에 생긴 굳은살을 손가락으로 만지작거리는 게 좋았다.

언제부터인지 밤 산책은 두 사람에게 빼놓을 수 없는 일과가 되었다. 일이 고되고 힘들어도 밤 산책 시간까지 열심히 하자는 기분으로 지냈다. 그리고 또 언제부터인지 미사코는 밤 산책에 스케치북과 연필을 들고 갔다. 물론 일을 위한 그림은 아니었다.

강이 미사코에게 생기를 불어넣었다. 그녀는 즐겁게 그림을 그렸다. 오늘은 어디서 무엇을 그릴지, 그 장소를 결정하느라 행복한 고민에 빠졌다. 타쿠로가 생각하기엔 어디서 그린들 엇비슷한 그림만 나올 것 같았다. 똑같은 강에 하늘도 강도 온통 새까맸다. 그런데도 미사코는 언제나 고민했다. 타쿠로는 그런 미사코의 모습을 바라보면서 시원하고 기분 좋은 밤바람에 둘러싸여 금방이라도 잠이 올 것 같았다.

네모난 초콜릿 모양의 요철이 있는 경사면에 드러누워 있으면 살포시 불어오는 강바람에 실려 뜬금없이 바다 내음이 풍겨왔다. 그러면 저도 모르게 잠이 들었다. 눈을 떠보면 미사코는 여전히 그림을 그리고 있다. "이제 갈까." 하고 타쿠로가 말을 건넬 때까지.

치아키는 미사코의 피를 진하게 이어받았다. 그림을 그리는 치아키의 모습을 볼 때마다 타쿠로는 그런 생각이 들었다. 굳이 눈으로 보지 않아도 미사코의 어린 시절은 치아키와 똑같았을 것이다. 그러니 치아키가 어른이 되면 미사코를 판에 박은 듯할 것이다.

그런 상념에 젖어 있는데, 콧노래가 들려왔다. 치아키가 좋아하는 노래. 오싹한 느낌이 드는 바로 그 콧노래다. 타쿠로의 마음에 조용히 퍼지고 있던 미사코와의 추억은 치아키의 콧노래로 산산이 부서졌다.

콧노래를 부르면서 양팔을 크게 벌려 타쿠로 앞에서 기분 좋은 듯 걷고 있는 치아키. 여하튼 오늘은 치아키의 기분이 최고조인 모양이었다.

차락차락.

자갈이 발에 밟히는 소리가 묘하게 가슴을 울린다. 치아키도 이 소리를 좋아하는지 일부러 큰 폭으로 발걸음을 떼어 자갈 밟는 소리를 낸다.

갑자기 그 소리가 멈췄다. 치아키의 표정이 심각해졌다. 그림을 그릴 장소를 정한 모양이다. 치아키는 자갈길에서 강변 경사로를 따라 내려가다 그 경사면 중간 지점에 쭈그리고 앉아 그림을 그리기 시작했다.

자갈길을 비추는 가로등 불빛이 겨우 닿기는 하지만, 그림을 그리기에는 불빛이 너무 약했다. 타쿠로는 뒤에서 치아키의 스케치북을 엿보려다가 자신의 그림자 때문에 더 어두워질까봐 치아키 옆에 나란히 앉았다.

치아키는 여전히 괴상한 그림을 그렸다. 시꺼먼 하늘을 그렸다. 하늘보다 더 시꺼먼 강을 그렸다. 그 시꺼먼 강물 위에 하늘보다

강보다 더 시꺼먼 사람의 모습을 그렸다. 그것으로 끝나지 않았다. 새까만 하늘에는 시퍼런 여자의 얼굴을 그렸다. 목욕탕 사건 이후로 계속 섬뜩한 여자의 얼굴을 그려대고 있었다.

여자의 얼굴은 지금까지 치아키가 그린 어떤 그림과도 달랐다. 물론 지금까지도 괴이한 그림만 그렸지만, 시퍼런 얼굴의 여자는 더 특별한 느낌이 들었다. 길고 새까만 머리칼이 시커먼 강물에 녹아들어서는 함께 흘러내렸다. 눈동자도 그리지 않아, 눈은 휑하니 비어 있었지만, 눈빛만큼은 왠지 타쿠로를 바라보는 시선이다.

아무리 봐도 제대로 된 풍경화는 절대 아니었다. 이 그림과 똑같은 풍경이 치아키에게 보이는 거라면 멀쩡하게 그림을 그리고 있는 치아키가 오히려 불가사의할 정도다. 이 그림은 보는 사람에게 불안감을 불러일으킨다. 그림만 봐도 이 지경인데, 실제로 본다면 어떤 기분일까.

치아키는 그림을 다 그리더니 두리번거리며 다음 장소를 찾기 시작했다. 오늘은 그림이 잘 그려지는 모양이다. 하지만 가로등 불빛에 돌진하는 나방의 날갯짓이 심해지면서 치아키는 겁먹은 듯 타쿠로에게 바싹 달라붙었다. 타쿠로는 그대로 치아키를 안고 밤바람에 등을 떠밀리듯 귀갓길을 서둘렀다.

밤 11시. 정해진 시간이다. 치아키는 잘 자고 있다가도 이 시간만 되면 번쩍 자리에서 일어났다. 요즘에는 치아키가 일찌감치 잠자리에 든다. 저녁을 먹자마자 바로 이불 속으로 들어갔고, 그 시간이 되면 눈을 떴다.

밤이 치아키에게 활기를 불어넣는가보다. 밤 11시가 되면 타쿠로의 팔을 잡아당기면서 "가자, 가자."고 떼를 썼다. 타쿠로가 보기에 치아키에게는 하루 중 그 시간이 가장 즐거운 듯했다. 즐거운 밤 산책은 치아키에게 점차 중요한 일과가 되었다.

"아빠, 산책 가자."

밤 11시.

옷을 갈아입은 치아키는 벌써 외출할 준비를 마쳤다. 스케치북과 색연필을 옆구리에 끼고 타쿠로가 서재로 쓰는 방문 앞에 서 있다. 밤 산책에 데려가기 시작한 이후로 치아키에게서 생동감이 느껴진다. 너무 활기가 넘쳐서 탈이지만. 그래도 치아키가 하루 중 가장 기분 좋은 얼굴을 보여주는 유일한 시간이라 타쿠로는 되도록 치아키를 데리고 밤 산책을 나갔다.

"잠깐 기다릴래? 이 부분만 끝내고 나가자."

원고가 술술 풀릴 때는 손을 놓는 게 사뭇 아쉽다. 치아키를 기다리게 하는 수밖에 없다. 하지만 치아키는 조금도 기다려주지 않는다. 타쿠로 옆에 서서 화난 눈동자로 째려본다. 그런 치아키를 곁눈질하면서 계속 키보드를 두드리는 타쿠로.

웨엑!

치아키의 목구멍에서 그런 소리가 났다. 키보드 위로 하얀 액체가 흩뿌려졌다. 하얀 액체에는 빨간 덩어리가 섞여 있다. 냄새로 미루어 보아 저녁식사 때 먹은 크림 스튜다. 입가에 크림 스튜를 질척하게 묻힌 채로 입을 크게 벌리고 왕왕 울어댔다.

"치아키, 괜찮아?"

타쿠로는 치아키를 안아주려고 의자에서 일어나려고 했다. 그런데 오히려 치아키는 양손으로 타쿠로의 머리를 붙잡고 내리눌렀다.

"산책! 산책! 산책! 산책, 산책, 산책, 사안책, 사안책, 사안책, 사안채애액!!"

치아키는 크림 스튜를 뱉어내면서 타쿠로의 귀에 대고 고래고래 소리를 질렀다. 치아키가 그림 이외의 것에 강한 집착을 보이는 순간이었다. 타쿠로는 치아키의 발광을 귓전으로 듣고 넘기려는데 치아키가 떨어뜨린 스케치북에 그려진 시퍼런 얼굴의 시퍼런 여자가 자신을 바라보고 있는 느낌을 받았다.

3

 갑작스러운 일이었다. 타쿠로의 담당이 쿠스노키에서 사쿠마 미키라는 여성으로 바뀌었다. 그 사실을 미키에게 듣기 전까지 타쿠로는 전혀 몰랐다.

 쿠스노키에게 희한한 일이 생긴 모양이었다. 일주일 전인 목요일, 쿠스노키는 회사를 무단으로 결근했다. 전화도 받지 않았다. 그 다음 날도 회사에 나오지 않았다. 물론 전화도 받지 않았다. 사흘, 나흘이 되어도 그는 회사에 모습을 나타내지 않았다. 집 전화도 휴대폰도 전혀 연결되지 않았다. 이사한 집을 아무에게도 알리지 않았기 때문에 연락할 방법이 없었다.

 닷새째 되는 날, 혹시나 싶어 회사 측은 경찰에 행방불명 신고를 하기로 했다. 때마침, 타이밍을 계산한 듯이 쿠스노키가 회사에 나타났다고 한다. 심한 악취를 풍기면서.

 그는 사표를 편집장의 책상에 놓더니 아무 말도 없이 회사를 떠났다. 그 사표에는 몽환적인 색깔로 그린 그림이 빼곡히 채워져 있었다고 한다.

 그가 무슨 이유로 사표를 냈는지는 모른다. 그는 보기보다 섬세한 마음의 소유자다. 사내에서 마음을 심하게 다쳤는지도 모른다. 그래도 전화 한 통이라도 해주었으면 좋았을 것을⋯⋯.

쿠스노키가 자신에게 말 한마디 없이 사표를 냈다는 사실에 타쿠로는 왠지 좀 섭섭했다. 주위 사람들에게는 떨떠름한 남자였지만, 타쿠로에게는 오랫동안 열심히 호흡을 맞추어온, 이를테면 전쟁터의 전우와 같은 사이였기 때문이다.

새로운 담당자인 미키는 타쿠로보다 젊고 꽤 미인이었다. 콧날이 오똑하게 자리 잡힌 얼굴. 화려하진 않지만 청결한 맛이 도는 옷차림새. 머리 뒤로 얌전히 묶은 탐스러운 머리칼. 그녀는 일도 잘할 것 같았다.

쿠스노키에게는 미안한 말이지만, 처음으로 미팅을 기다리는 것이 즐거웠다. 그녀는 쿠스노키의 후임자로서 충분히, 아니 그 이상으로 일을 잘 처리했다.

타쿠로는 원고 마감이 늦어질 때면 가끔 홀아비라는 변명을 내세우곤 했다. 그래서인지 미키는 타쿠로의 집필 이외의 여러 가지 잡일도 기꺼이 처리해주었다. 치아키도 잘 돌봐주고, 식사 준비나 세탁 같은 집안일도 알아서 해주었다. 물론 타쿠로의 순조로운 집필을 바라는 순수한 마음에서. 타쿠로는 미안한 마음이 앞섰지만 집필에 더욱 힘을 쏟기로 하고 미키의 호의를 받아들였다.

"오늘은 치아키가 좋아하는 카레라이스를 만들어볼까."
"난 카레라이스도 좋지만, 새우튀김이 더 좋아."

"치아키, 그렇게 욕심내면 못 써."

"새우튀김은 다음에 해줄게."

이 대화만 듣는다면 행복하고 단란한 가정이 연상될 것이다. 치아키는 오늘 저녁 메뉴를 듣더니 제 방으로 뛰어들어갔다.

"사쿠마 씨, 늘 신세만 지네요."

"아니에요. 제가 좋아서 하는 일인걸요."

그녀는 웃는 얼굴이 예뻤다. 그녀가 웃으면 민트 향기가 풍겼다. 쿠스노키에게서는 며칠 된 음식 쓰레기처럼 썩은 냄새가 풀풀 났었는데. 냄새만으로 하늘과 땅만큼의 차이가 난다.

미키는 출판계에 입문하기 전부터 타쿠로의 열성적인 팬이었다. 타쿠로가 프리랜서 시절부터 팬이었다니 타쿠로에게는 정말로 고마운 존재이다. 가난한 프리랜서 신세를 벗어난 계기가 된 타쿠로의 데뷔작 <연속 살신>의 출간 기념 사인회 때도 맨 먼저 줄을 섰다고 한다.

"딱 한 번 사신의 의상을 입고 줄을 선 적이 있어요."

미키가 사신과는 도저히 어울리지 않는 웃음을 띠며 말했다. 미키가 이상한 복장을 한 사람들 틈에 서 있었다고 생각하니 타쿠로는 재미있어서 웃음이 났다.

미키는 점심 전에 어김없이 타쿠로의 집에 들른다. 벨이 울려 나가보면 그녀의 손에는 여느 때와 마찬가지로 점심과 저녁거리가 들려 있다. 서류를 너무 많이 넣어서 곧 찢어질 것같이 부풀어 오른 가방과 슈퍼마켓 비닐봉지를 현관에 힘들게 내려놓으면 현관에서 기다리고 있던 치아키가 비닐봉지 안에서 과자를 찾아내 잽싸게 제 방으로 사라진다.

치아키도 미키가 오는 걸 좋아했다. 내색은 하지 않았지만 타쿠로는 알고 있다. 좀체 보기 드문 현상이다. 치아키는 부모 말고 다른 사람에게 관심을 보인 적이 한 번도 없었다. 치아키는 늘 타인에게 강한 경계심을 품었다. 그런데 미키는 그런 경계심을 풀어주었다.

치아키는 미키에게서 엄마의 분위기를 느꼈을까. 타쿠로가 '사쿠마 씨'라고 부르기 때문인지, 치아키는 '사쿠마 쓰'라고 하며 친밀감을 나타냈다. 타쿠로도 언제부터인지 미키가 오는 날을 내심 기다리게 되었다. 치아키에게나 타쿠로에게나 미키는 특별한 존재로 각인되기 시작했다. 그만큼 그녀가 타쿠로네 집에서 필요한 존재였기 때문이다. 하지만 그 상황도 그리 오래가지는 못했다.

미키는 그날 저녁 메뉴로 새우튀김을 준비했다. 치아키는 몹시 좋아하면서 스케치북에 '사람 얼굴을 한 새우'를 그리기도 하고 새된 목소리를 내며 집 안을 어수선하게 돌아다녔다.

"사쿠마 쓰, 내가 그려줄게!"

새우에 튀김가루를 입히는 미키에게 치아키가 소리를 질렀다.

"내 얼굴 그린다고?"

"그려줄게! 그려줄게!"

타쿠로는 웃으면서 거실에서 그 광경을 바라보고 있다.

"예쁘게 그려야 해, 치아키."

"그려줄게! 그려줄게!"

"있는 그대로만 그리면 돼, 치아키."

양손에 튀김가루를 묻힌 채 미키는 쭈그려 앉았다. 치아키가 그리기 쉽게 하려는 배려였다. 치아키는 기분이 최고였다. 기분이 최고일 때의 미사코를 방불케 하는 손짓으로 연필을 놀렸다. 눈을 미키에게 고정한 채 연필을 쥔 손이 쉴 새 없이 움직였다.

2분 만에 그림이 완성되었다. 치아키는 일단 스케치북을 덮고 거드름을 피우듯 위로 눈을 치켜뜨며 미키를 바라보았다.

"나 잘 그렸어?"

"엄마야."

"엄마?"

미키는 어설프게 웃으며 타쿠로에게 시선을 향했다. 타쿠로는 얼굴이 뜨거워지는 걸 느꼈다. 미키가 없을 때 치아키에게 물어본 적이 있었다. 사쿠마 씨가 엄마라면 좋겠냐고. 그때는 치아키가 늘 그렇듯이 그리기에 빠져 대답하지 않았지만, 타쿠로의 말을 제대로 들었던 것이다. 멋쩍어진 타쿠로는 일부러 미키의 시선을 피했다. 그리고 머릿속에서 부지런히 변명을 생각했다.

"이건, 대체 누구야?"

불안감이 흠씬 풍기는 미키의 목소리였다.

예의 콧노래가 들렸다. 치아키가 부르는, 아무리 들어도 오싹한 그 콧노래. 괴이한 분위기에 타쿠로가 두 사람에게 시선을 향했을 때 치아키는 '그 얼굴'을 손에 들고 미키의 눈앞에 펼쳐놓고 있었다.

시커먼 머리를 늘어뜨린 시퍼런 얼굴의 여자. 치아키는 파리한 얼굴의 여자를 목까지만 그려 미키에게 보여주었다. 여자의 목은 스케치북이라는 평면 세계에 존재하는 그림이다. 파랑과 검정 두 가지 색만 사용한 단순한 그림이었지만 입체감 때문에 생생히 살아 있는 존재처럼 보였다.

치아키는 그 얼굴을 미키의 얼굴에 바싹 들이대고 고장 난 오르골처럼 콧노래를 부르고 있다. 아주 기분이 좋아 보였다.

"치아키, 무서워, 그만해."

미키는 진짜로 무서워하는 표정이었다. 그래도 치아키는 자꾸만 '얼굴'을 미키에게 들이댔다. 치아키의 콧노래가 으스스한 분위기에 한 몫 더했다. 미키가 손으로 그림을 밀쳐내자 치아키의 태도가 돌변했다. 어린아이의 표정이라고는 도저히 믿을 수 없을 만큼 얼굴을 일그러뜨렸다.

"가!"

스케치북을 치켜들더니 치아키는 미키의 얼굴에 침을 뱉었다.

타쿠로는 스케치북을 빼앗고 치아키의 앞에 쭈그려 앉아 양어깨를 세게 잡았다.

"너, 대체 무슨 짓이야!"

증오가 가득한 치아키의 시선이 타쿠로의 어깨 너머로 미키에게 꽂혔다.

"너, 아빠 말 듣고 있는 거야!"

"괘, 괜찮아요. 치아키가 나를 위해 그려준 그림인데 무섭다고 했으니 그럴 만도 하지요. 미안, 치아키."

치아키는 아무 말도 없이 이를 부드득 갈더니 2층으로 뛰어올라갔다. 그날 저녁 치아키는 결국 새우튀김을 먹지 않았다.

치아키는 더 이상 미키를 '사쿠마 쓰'라고 부르지 않았다. 미키와 얼굴을 마주하면 무표정한 눈빛으로 쳐다볼 뿐이었다. 미키에게 흥미를 잃었는지 치아키는 다시 그림과 밤 산책에만 열중했다.

미키는 치아키와 다시 사이가 좋아질 방법을 궁리했다. 아무리 말을 건네도 치아키는 가타부타 대답도 않고, 그저 미키를 노려보기만 했다.

"절 싫어하나봐요."

미키는 낙심했다. 그때 그림을 보고 무섭다고 뿌리친 게 후회가 되었다.

"지금은 저렇지만, 금방 이전처럼 돌아올 거예요."

"그치만……."

"다음엔 그림을 보고 칭찬해주세요. 자기가 그린 그림을 보고 무섭다고 하니까 괜히 반항하는 거예요."

진짜 이유는 따로 있을 것이다. 타쿠로는 알 만도 했다. 그때 치아키는 자기 그림을 미키가 무섭다고 해서 화가 났을 것이다. 하지만 지금은 화가 난 게 아니다. 미키가 자신을 이해하지 못한다고 여기는 것이다.

미키가 만든 음식은 거의 입에 대지도 않고, 그녀가 치아키를 위해 사 온 물건을 보아도 전혀 좋아하는 기색이 아니다. 오히려 조바심 나는 표정을 지었다. 친절하게 대해준 미키를 엄마 같다고 잠시 착각했지만, 실은 새빨간 타인이라는 사실을 알아챈 것일까. 치아키는 갑자기 자신과 타쿠로의 생활에 끼어든 미키를 경계하기 시작했다.

치아키는 거실 창가에서 혼자 그림을 그리고 있다. 타쿠로의 서재에서 그리면 꼭 미키가 들어온다. 그것이 싫었다. 거실 창가에서는 정원을 마주볼 수 있다. 치아키의 눈동자는 정원에 꽂힌 채, 손은 스케치북 위에서 바쁘게 움직이고 있다.

그 손이 멈춘다. 치아키는 뭔가를 발견했다. 집을 감싸고 있는 담 위에 회색 물체가 놓여 있다. 이상하게 신경이 쓰였다. 치아키는 헐렁한 샌들을 신고 창문을 열고 정원으로 나갔다. 그러곤 구석에 세워 둔 빗자루를 손에 쥐고 회색 물체에 살금살금 다가갔다. 회색 물체는 미동도 하지 않았다. 빗자루 손잡이로 툭 건드렸더니 치아키의 눈앞으로 떨어진다.

– 비둘기였다.

날다가 자동차에 부딪쳐서 담 위에 떨어진 걸까. 배가 터져서 분홍빛 내장이 튀어나와 있고, 계속해서 빨간 거품이 뭉글뭉글 올라왔다. 떨어질 때의 충격으로 부리가 부러졌는지 딸기 젤리 같은 것이 입에서 삐죽 튀어나와 있다. 빗자루 손잡이로 배를 찔러보니 잼보다 더 진한 빨간색이 날개 틈으로 번진다. 치아키가 지금까지 본 빨간색과는 비교도 안 될 색이다.

바로 집 안으로 돌아온 치아키는 부리나케 색연필이 든 케이스를 열었다. 그렇게 예쁜 빨강은 없다. 치아키는 너무 좋아서 히히히 괴성을 지르며 거실을 휘둘러보았다. 테이블 위에 입을 벌린 봉투와 가위가 놓여 있다. 치아키는 가위를 손에 들고 다시 정원으로 나갔다.

늘 그렇듯이 가까운 슈퍼마켓에 들러 식재료를 샀다. 무거운 가방을 어깨에 메고 양손에 슈퍼마켓 비닐봉지를 들고 언덕길을 오른다. 오늘은 치아키가 좋아할 만한 과자를 많이 샀다. 그래서인지 비닐봉지가 유난히 무겁다. '왜 내가 이렇게까지 해야 하지?'라는 고민을 한 적도 있다. 쿠스노키가 실종되었다는 소리를 들었을 때, 그에게는 미안했지만 내심 기회가 찾아왔다고 여겼다. 오래전부터 좋아해왔던 작가, 타쿠로의 담당이 되다니 마치 꿈만 같았다. 상사에게 얼마나 자신을 어필했는지 모를 정도다. 3개월 동안 임시 담당을 맡아본 다음 타쿠로의 반응을 봐서 나중에 정식 담당으로 임명한다는 조건이었다.

미키로서는 행운이었다. 그런데 엉뚱한 데서 문제가 발생하다니. 아무튼 치아키의 마음을 돌려놓아야만 한다. 뭘 어떻게 해줘야 치아키가 좋아할까. 그림을 칭찬해주고 싶어도 치아키는 그림을 보여주지 않는다. 게다가 자기 방에 틀어박혀 나오지도 않는다.

애들은 성가시고 까다로워. 나는 절대 결혼하지 않을 거야. 미키는 그렇게 생각하면서 걸었다. 전봇대에 연결된 전선에 비둘기들이 일렬로 나란히 앉아 미키를 내려다보고 있었다. 그녀는 행여 비둘기 똥이라도 떨어질까 전선 밑을 피해서 걸었다.

미키는 '요코타 타쿠로'라고 쓰인 문패 앞에서 일단 짐을 내려놓고 벨을 눌렀다. 평상시에는 한 번만 누르면 타쿠로의 목소리가 들려온다. 그런데 그날은 달랐다. 두 번 누르고, 세 번을 눌러도 아무런 대답이 없다. 그녀는 짐을 든 채 안으로 들어갔다. 순간, 악취가 확 풍겼다. 기분 나쁜 예감이 들었다.

문 옆에 있는 유리창 너머로 집 안을 들여다보았지만, 희미한 실내에는 아무것도 보이지 않았다. 정원 쪽으로 돌아가보니 거실에 커튼이 드리워져 있다. 실내는 어두웠다.

악취의 진원지는 바로 정원이었다. 윙윙윙 소리를 내며 검은 점이 원을 그리고 있다. 잡초가 무성한 주변에 커다란 매미 서너 마리가 날아다니고 있다. 혹시 쥐라도 죽은 걸까. 그렇다고 악취의 진원지를 찾아 집 구석구석을 뒤질 마음은 없다.

2층 치아키 방도 창문에 커튼이 쳐져 있다. 집에 아무도 없는 모양이다. 집을 비운다면 미리 연락을 해주었을 텐데. 혹시나 싶어 휴대폰을 확인해봤지만 타쿠로로부터 온 메시지는 없다. 이번에는 타쿠로의 휴대폰으로 전화를 걸어보지만, 전원을 꺼놓았는지 연결이 되지 않는다.

다시 한 번 정문으로 나가 벨을 눌렀다. 역시 아무 대답이 없다. 하는 수 없이 미키는 회사로 돌아가야 했다. 슈퍼마켓 비닐봉지 안에는 날고기와 달걀이 들어 있다. 이런 날씨에는 음식을 잠깐만 바깥에 둬도 상하는데. 돌아 나오려는 찰나 등 뒤에서 무슨 소리가 났다. 현관문을 안쪽에서 가볍게 두드리는 소리다.

아하.

치아키다. 미키가 온 것을 알고 몸을 숨기고 있나 보다. 타쿠로는 근처 편의점에라도 간 모양이다. 치아키에게 자기가 없는 사이에 집을 잘 보라고 당부했을 것이다. 치아키는 일부러 집에 없는 척했다.

시련이었다. 미키는 심호흡을 하고 마음을 다잡은 다음 치아키를 불렀다.

"치-아-키, 문 열어 줘."

미키는 아이들이 친구에게 놀자고 하듯 소리를 치고 문을 두드렸다. 아무 반응이 없다. 손잡이를 돌리자 딸깍 하고 문이 열렸다. 잠그지는 않은 모양이다. 살짝 안으로 들어갔다.

실내는 어두웠다. 치아키는 보이지 않지만 틀림없이 어딘가에 숨어서 미키를 바라보고 있을 것이다. 어차피 집 안으로 들어왔으니 사 온 음식을 냉장고에 넣어 둬야겠다고 생각했다. 그녀는 신발을 벗으려다 말고 망설였다.

현관에서 곧장 이어지는 희끄무레한 복도.

왼쪽에는 타쿠로의 서재와 화장실로 이어지는 문이 있고, 오른쪽으로는 거실과 부엌으로 이어지는 문이 있다. 그리고 다다미가 깔린 일본식 방으로 들어가는 창호지 문.

복도 끝에는 어둠이 깔려 있다. 저 끝은 어디로 연결되어 있을까. 갑자기 생각이 나질 않는다. 불안했다. 그녀도 어디에 무슨 방이 있는지 정도는 알고 있다. 들어가본 적이 없는 방은 2층에 있는 타쿠로의 죽은 아내, 미사코의 방뿐이다.

저 복도 끝에는 무엇이 있을까. 문이었나. 아니면 단순히 막힌 곳일까. 그녀는 현관문을 닫고 전등을 켰다. 작은 전구가 현관을 비춘다. 복도 끝의 어둠도 조금은 엷어졌다. 복도 끝에 걸린 커다란 액자가 벽 전체를 가리고 있다. 생각났다. 바로 미사코가 그린 그림이었다.

– 하지만 저 그림이 걸려 있었던가.

어둑한 실내 공기에 섞여 액자 속 그림이 보인다. 작은 아이. 잘 익은 토마토 같은 얼굴에 백발이 성성한 아이다. 기분 나쁜 예감이 들어 현관문에 손을 대려는 찰나.

오고 있다.

그림 속의 빨간 얼굴을 한 아이가 미키를 향해 달려왔다. 그녀는 너무 놀란 나머지 현관문에 주르륵 미끄러지면서 주저앉고 말았다. 그러고는 양손으로 얼굴을 감싸고 비명을 질렀다. 그녀의 비명에 섞여 귀에 익은 웃음소리가 들려왔다. 천천히 양손을 얼굴에서 떼보니, 얼굴을 빨갛게 떡칠한 아이가 눈앞에서 웃고 있다.

치아키였다. 머리칼에 회색과 하얀색 깃털을 꽂고 있다. 그래서 백발로 보였구나. "무슨 짓이야!"라고 말하려다 미키는 급히 말을 삼켰다. 칭찬해주어야만 한다.

"괴, 굉장한데. 너무 놀랐어."

칭찬하는 말이 입에서 나오지 않는다. 틀림없이 얼굴도 굳어 있을 것이다. 치아키의 얼굴에서 썩은 냄새가 풍겨와 참기가 어렵다. 정원에서 맡은 냄새다.

어디로 들어왔을까. 커다란 매미가 치아키의 콧등에 앉았다. 치아키는 아랑곳하지 않고 그녀에게 얼굴을 들이댄 채 천진난만하게 웃고 있다. 치아키의 얼굴에 칠해진 새빨간 염료. 머리에 꽂힌 회색과 하얀색 깃털. 그리고 악취. 매미.

설마. 미키는 신발을 벗고 거실로 올라가 마당 쪽으로 나갔다. 매미가 날아다니는 주변에 뭔가 뒹굴고 있다. 잔뜩 겁을 내며 물체에 다가갔다. 그녀는 구토가 치밀어 오르는 것을 가까스로 참았다. 마치 생선의 배를 갈라 말린 것처럼 비둘기의 배를 갈라 말린 것은 생전 처음 보았다.

내장을 조심스럽게 도려내고 그릇 모양이 된 비둘기 속에서 어린 매미들이 놀고 있었다. 새끼들이 노는 모습을 지켜보기라도 하듯 주위에는 어미 매미들이 원을 그리며 날고 있다.

치아키가 한 짓일까. 그녀는 비둘기를 해부하는 치아키의 모습을 상상해보았다. 쓰디쓴 위액이 목구멍을 타고 넘어와 목젖이 따가웠다.

묻어주자. 처참한 비둘기의 시체를 이대로 둘 수는 없다. 그녀는 흙을 뿌리려고 쪼그려 앉았다. 그녀의 등에 치아키가 올라탔다. 치아키의 얼굴에는 매미가 수십 마리나 달라붙어 있었다.

타쿠로는 현관문을 열고는 고개를 갸웃거렸다. 문방구에서 팩스 용지를 사 가지고 돌아온 길이다. 실내는 어슴푸레했고 현관의 전깃불만 켜져 있다. 현관 바닥에는 빈 슈퍼마켓 비닐봉지와 그 안에 들었던 듯한 내용물들이 나뒹굴고 있다. 그 옆에는 미키의 가방과 무슨 일인지 비둘기의 깃털이 흩어져 있다.

거실에서 인기척이 났다. 타쿠로는 경계심이 들었다. 얼굴이 창백한 미키가 벽에 손을 짚고 비틀거리며 다가왔다.

"무슨 일이에요?"

곧 쓰러질 것 같은 그녀를 보고 타쿠로는 급히 달려가 그녀를 부축했다. 그녀는 온몸을 부들부들 떨고 있다.

"죄송-합니다, 조금 놀랐나봐요."

그녀의 말이 끊어질 듯했다.

"혹시 치아키가?"

"오늘은 이만 회사로 돌아가는 게 낫겠어요."

그녀는 타쿠로를 밀쳐내고 가방을 주워 들고는 몸에 붙은 깃털을 떨어낸 다음 현관을 나섰다. 현관문이 닫히는 소리와 동시에 그의 등 뒤에서 "아빠, 다녀오셨어요!"라는 목소리가 들렸다.

그는 난생처음 정신을 잃는 줄 알았다. 피투성이인 치아키가 서 있었다. 하지만 이내 얼굴에 뭔가를 칠했다는 걸 알아차렸다. 치아키에게서 단순히 악취라고 하기엔 너무 심한 냄새가 났다.

치아키의 손에는 복사 용지가 몇 장 쥐어져 있었다. 종이에는 작고 빨간 얼굴이 찍혀 있다. 제 얼굴을 스탬프처럼 종이에 찍은 것일까.

"너, 이리 와!"

그는 치아키의 손을 잡고 목욕탕으로 강제로 끌고 갔다. 수돗물을 있는 대로 틀어서 난폭하게 치아키의 빨간 얼굴을 씻겨냈다. 빨갛고 탁한 물이 끄르륵거리며 배수구를 타고 내려가는 소리가 났다. 치아키의 머리칼에 꽂혀 있는 깃털도 죄다 뽑아 쓰레기통에 버렸다. 치아키의 얼굴을 닦은 타월에 빨간 염료가 묻어났다. 타쿠로는 타월도 쓰레기통에 던져 버렸다.

"너 또, 사쿠마 씨를 무섭게 했어?"

그는 되도록 언성을 높이지 않으려고 애썼다. 그래도 치아키는 혼나는 걸 눈치 챘는지 겁먹은 얼굴로 타쿠로를 올려다보았다.

"아빠가 말했잖아. 잠깐 나갔다 올테니 사쿠마 씨가 오면 현관문 열어주라고. 아빠가 이런 장난하라고 했니?"

치아키는 입을 'ㅅ' 모양으로 일그러뜨리고 있다. 불만스럽다는 표정이다. 자신은 잘못한 게 없다고 여길 때 이런 표정을 짓는다.

"빨간 물감, 엄마 방에서 가져왔어? 엄마가 돌아오면 이렇게 장난치는 치아키는 싫다고 할걸."

"아냐!"

"뭐가 아냐?"

"엄마가 그렇게 하라고 했단 말야!"

"너 자꾸 거짓말 할래!"

"거짓말 아냐, 그치 엄마?"

치아키는 타쿠로 뒤편을 보며 말했다. 타쿠로 뒤편 세면대 벽에는 시퍼런 얼굴의 여자 그림이 테이프로 붙여져 있다. 치아키의 그림으로 늘 보던 얼굴인데, 오늘은 뭔가 달라졌다.

립스틱을 발랐다. 여자의 입술 주위가 선명한 빨간색으로 칠해져 있다. 아직 덜 말라서인지 입가에는 빨간 물방울이 대롱거렸다. 치아키가 제 얼굴에 칠한 염료일 것이다. 빨간색이라 그런지 그림에서 바로 튀어나올 것같이 느껴졌다.

그런 일이 있었는데도 미키는 여전히 매일같이 타쿠로의 집을 방문했다. 하지만 예전처럼 오래 머물지는 않았다. 미팅이 없으면 만들어 온 요리를 전해주고 바로 돌아가는 날이 많아졌다. 그녀는 될 수 있으면 치아키와 얼굴을 마주하려고 하지 않았다. 타쿠로가 부탁한 것이기도 했다.

치아키는 미키가 만든 음식이라고 하면 먹지 않았다. 타쿠로는 미키가 전해준 음식을 데워서 자신이 만든 것처럼 식탁에 올려놓았다. 미키에게는 미안한 마음뿐이었다.

타쿠로는 오늘부터 9월이 시작된다는 사실이 새삼스러운 듯 거실 벽에 걸린 달력을 한 장 넘겼다. 9월에는 빨간 동그라미 표시가 몇 개나 되었다. 7월과 8월에도 빨간 동그라미 표시는 있었다.

타쿠로가 달력에 직접 빨간 동그라미를 표시한 날은 다섯 손가락에 꼽을 정도다. 미사코의 1주기, 원고 마감 기한, 그리고 결혼기념일. 9월 3일의 빨간 동그라미 안에는 '결'이라는 글자 하나가 적혀 있다. 미사코가 죽은 지금도 잊을 수 없는 날이다. 달력의 나머지 빨간 동그라미는 모두 치아키가 표시한 것이다. 치아키가 표시한 빨간 동그라미 안에도 글자가 적혀 있다.

'키무로', '탄카라', '미지쿠모'

 모두 의미가 명확하지 않다. 처음에는 아예 의미 없는거라고 생각했다. 글자로 읽기 힘든 게 많았다. 그 중에서 '노치로'라는 글자가 눈에 띄었다. 언젠가 치아키가 스케치북에 그린 검은 사마귀 유령이다. 그렇다면 달력에 쓰여 있는 글자는 치아키가 그린 그림의 제목인지도 모른다.

"치아키가 달력에 빨간 동그라미 표시했어?"

 이미 알고 있는 것을 일부러 물어보았다. 치아키는 거실 소파에 앉아서 창문 밖으로 보이는 정원을 응시한 채 꼼짝도 하지 않았다.

"아빠, 화난 거 아냐. 근데 그게 무슨 표시야? 노치로의 생일?"

"아마도."

치아키는 적당히 대답했다.

"아빠한테 가르쳐줘. 진짜로 무슨 날인데?"

"몰라."

 괴이한 장난을 몰래 계획하는 건지도. 타쿠로는 이전에도 달력을 넘기면서 신경이 쓰이는 표시를 발견한 적이 있다.

 7월 13일. 미사코의 1주기였다. 그날에는 '엄마'라고 제대로 쓴 글자가 적혀 있었다. 치아키는 그날 엄마에게 무슨 일이 일어났는지 혹시 알고 있는 걸까.

9월 3일. 결혼기념일.

미사코의 영정을 불단에서 테이블 위로 옮겨놓고, 그 옆에 국화의 일종인 거베라 꽃다발을 놓았다. 거베라는 미사코가 좋아한 꽃이다. 특히 핑크빛을 좋아했는데 꽃 색깔을 좋아했다기보다는 '숭고한 아름다움'이라는 꽃말을 마음에 들어했다.

"이리 와, 치아키. 아빠랑 케이크 먹자."

치아키는 스케치북과 색연필을 테이블 위에 놓고 의자에 앉았다. 9월 3일이라는 날에 엄마 사진과 핑크빛 꽃다발을 테이블 위에 놓고, 케이크를 먹는다는 의미를 치아키는 아직 이해하지 못할 것이다.

미사코가 살아 있을 때는 손으로 직접 만든 쇼트케이크, 크림소스가 절묘하게 어울러진 치즈 그라탕, 치아키가 아주 좋아하는 새우튀김이 테이블에 올랐다. 그런데 지금은 역 앞에서 사온 몽블랑 케이크에 슈퍼마켓 음식 코너에서 사온 그라탕과 새우튀김이다. 마음이 허전해서인지 새우도 왠지 조그맣게 보인다. 그래도 이것이 타쿠로가 할 수 있는 최선이다. 이날만큼은 미키의 신세를 지고 싶지 않았다. 치아키는 역시 불만이 가득했다.

"자, 치아키, 먹자."

"싫어."

"그럼, 아빠 혼자만 먹는다. 그래도 돼?"

"……."

"되게 맛있다. 치아키, 몽블랑 케이크 좋아하잖아."

"……."

침묵. 그러더니 스케치북을 펼치고 예의 그 여자 얼굴을 그리기 시작했다. 무언의 항의다. 하다못해 오늘만은 그 여자 얼굴을 보고 싶지 않다. 그렇게 생각한 타쿠로는 치아키의 기분을 살피기로 했다.

"치아키, 얼굴 표정이 그게 뭐야. 그리고 지금은 그리지 않았으면 좋겠는데. 아, 맞다. 치아키가 좋아하는 사과주스. 100 퍼센트 사과주스, 아빠가 사 왔거든. 지금 가져다줄게."

타쿠로는 냉장고에서 종이팩에 든 사과주스와 샴페인을 꺼냈다. 샴페인은 미사코가 좋아하는 브랜드로 골랐다. 그는 샴페인이나 와인을 그리 좋아하진 않지만, 이날만큼은 미사코와 함께하고 싶었다. 타쿠로는 부엌에서 잔을 꺼내고, 코르크 따개가 어디 있는지 찾고 있다.

"맛있어? 정말? 아앙, 그러지 말고 깨끗하게 먹어야지."

치아키가 혼잣말을 하기 시작했다. 늘 그러듯이. 묵비권 행사가 통하지 않으면 혼잣말로 항의했다.

코르크 따개가 보이지 않는다. 할 수 없이 치아키의 사과주스만 컵에 따라 테이블로 가져왔다. 치아키는 얌전히 기다려주지 않았다. 펼쳐진 스케치북에 온통 몽블랑 케이크가 처발라져 있었다.

"치아키, 관두지 못해!"

그는 끈적거리는 치아키의 손을 거세게 잡아당겨 티슈로 입을 닦아주었다. 스케치북에 그려진 시퍼런 얼굴의 입에는 밤색 크림이 질퍽하게 달라붙어 있다. 치아키는 이 여자에게 케이크를 먹이려고 했다.

"치아키."

"왜?"

"왜, 만날 이 여자만 그려?"

타쿠로는 스케치북에 떡칠된 크림을 닦아내며 물었다. 여자의 입이 케이크에 젖어서 마치 웃는 것처럼 일그러졌다. 여자의 입에서 밤색 케이크의 달콤한 향기가 풍겼다.

"그리면 안 돼?"

"이 여자 누구야?"

"엄마."

"엄마는 이런 얼굴이 아니잖아. 너 기억 안 나?"

그는 치아키가 잘 볼 수 있게 미사코의 영정을 돌려놓는다.

"이 사진에 있는 얼굴이 엄마잖아. 시퍼렇지 않지? 시퍼런 얼굴, 아빠는 몰라."

"지금의 엄마는 달라."

"지금이나 옛날이나 똑같아. 그리고 왜 이렇게 무서운 얼굴을 하고 있는데?"

"몰라. 엄마한테 물어봐."

치아키는 2층으로 연결되는 계단 한가운데를 바라보고 있다. 그곳에는 아무도 없다.

"저기에 누가 있어?"

 계단을 바라보면서 그는 치아키에게 물었다. 하지만 치아키는 그의 물음을 손으로 제지했다.

"쉿! 엄마가 뭐라고 말하고 있어."

 치아키는 심각한 표정으로 계단을 바라보며 몇 번이나 고개를 끄덕인다. 마치 타쿠로에게는 보이지 않는 무언가와 대화를 나누듯이. 그는 알고 있다. 그 또한 치아키의 간접적인 저항임을.

 치아키에게 특별한 능력이 있다고 생각한 적도 있다. 어른에게는 보이지 않는 뭔가를 보고, 그것을 그림으로 표현한다고. 하지만 현실적으로 보면 그렇게 이상하지도 않다. 지극히 어린아이다운 발상이요, 행동이기 때문이다.

 특히 엄마가 없는 아이는 무의식적으로 모성을 그리워하고 찾는다. 아빠에게 모성을 구하기는 누가 봐도 무리다. 아빠의 위치는 이미 정해진 것이기에 치아키가 모성을 찾는 대상은 망상 속의 우상이다.

 치아키의 마음속에서 엄마인 마사코의 이미지가 왜곡되면서 한층 더 망상에 가까운 우상이 되어 그림으로 나타난다. 망상 속의 엄마는 늘 치아키의 편을 들어주는 정신적인 수호천사다. 치아키를 공격하거나 절대 꾸짖지 않는다. 그 망상 속의 엄마는 치아키의 마음 자체다. 치아키는 상황에 따라서 자신의 감정을 엄마로 대신한다. 자신이 처리하기 힘든 문제는 망상 속의 엄마에게 위탁한다. 그래서 그 시퍼런 얼굴의 여자는 치아키로서는 또 하나의 감정 표현인 셈이다.

이런 행동은 미키가 집에 오기 시작하면서 더 심해졌다. 그렇게 보면 치아키가 저지르는 괴상한 행동의 근거가 앞뒤로 들어맞는다. 갑자기 엄마가 아닌 여자가 집에 와서는 엄마가 할 법한 일들을 하기 시작한다. 지금까지 자신이 엄마라고 생각한 존재는 미키가 나타남으로써 마치 없었던 일이 돼버릴 지경이다. 치아키는 그렇게 생각한 것이다.

치아키는 이를 커다란 불안감과 더불어 위협으로 감지했다. 그래서 '시퍼런 얼굴의 여자'를 이용해서 자신의 의도를 전달하려고 했다.

엄마 일은 벌써 잊었어?

왜 저 여자가 매일 우리 집에 오는 거야?

저 여자를 매일 집에 불러들이면서 결혼기념일을 축하한다니, 너무 뻔뻔하지 않아?

치아키는 그렇게 이야기하고 싶은 게다. 치아키는 알고 있다. 타쿠로의 마음이 이미 미키에게 기울어져 있다는 것을. 보이지 않는 엄마와 대화를 끝냈는지 치아키가 타쿠로에게 시선을 돌렸다.

"아빠, 정말 그래?"

타쿠로는 순간, 마음을 들켰나보다 하고 생각했다. 치아키가 얼굴을 들이대고 타쿠로의 얼굴을 빤히 바라본다.

"뭐가?"

"그 여자가 좋냐고?"

꽉 쥔 타쿠로의 양손에 식은땀이 밴다.

"누가 그런 말을 해?"

"엄마."

— 거 봐, 얼굴색이 변했잖아.

— 아마 거짓말할 거야.

그런 눈빛이다. 타쿠로는 치아키에서 시선을 뗄 수 없었다.

"치아키, 아빠 말 한번 들어볼래?"

"엄마, 화났어."

치아키의 시선이 다시 계단으로 향했다.

"…… 치아키!"

"엄마, 되게 무서워."

계단을 바라보는 치아키의 안색이 순식간에 두려운 표정으로 변했다.

"무서워, 무서워, 무서워!"

치아키는 엄마에게 꾸지람 듣는, 그런 표정이 아니었다. 주사기를 눈앞에 들이대고 "지금부터 이 무서운 침을 팔에 꽂아줄 테야."라고 말하면, 틀림없이 아이가 이런 표정을 지으리라. 도저히 말을 건넬 상황이 아니다. 당장이라도 죽임을 당할 것 같은 표정으로 치아키는 뭔가에 쫓기듯 스케치북을 손으로 박박 찢었다.

치아키는 그림에서 얼굴만 찢어냈다. 치아키의 손에는 스케치북에서 찢어낸 시퍼런 얼굴이 생생한 모가지와 함께 들려 있다. 치아키는 이를 덜덜 떨면서 시퍼런 얼굴의 눈을 손가락으로 후벼 팠다. 흉하게 일그러지더니 뻥 하고 동공이 뚫렸다. 그러고는 그 얼굴을 자신의 얼굴에 썼다.

가면을 만든 것이다. 시퍼런 여자의 동공에서 치아키의 눈동자가 번뜩거렸다. 그림에 생명이 깃든 것처럼 느껴졌다. 두려움에 떨고 있는 눈동자가 뻥 뚫린 구멍 안에서 빙글빙글 돌아가면서 시퍼런 얼굴이 가늘게 흔들렸다.

"엄마, 화났다, 엄마, 화났다, 엄마, 화났다."

시퍼런 여자 입에서 둑이 터지듯 똑같은 말이 쉴 새 없이 튀어나왔다.

"그만하지 못해! 엄마는 그렇지 않아!"

"아아아아, 엄마, 화났다, 있다! 있다! 있다있다, 있다있다, 왔다왔다왔다!"

치아키는 테이블 위로 몸을 내밀고 시퍼런 얼굴을 타쿠로의 눈앞에 들이댔다.

"그만두라니까! 치아키, 아빠 말 안 들려!"

타쿠로는 자신도 모르게 손을 위로 쳐들었다. 하지만 내려치지는 않았다. 내려칠 수 없었다. 자신의 얼굴에 시퍼런 얼굴을 댄 채 치아키는 아무 말도 없이 테이블 아래를 내려다보고 있었다. 타쿠로도 테이블 밑을 바라봤다.

 확실히 있다.

 시퍼런 얼굴의 여자가 테이블 밑에서 하얀 눈으로 타쿠로를 올려다보고 있다. 차가운 지렁이 수백 마리가 일제히 허벅지를 타고 기어오르는 오싹한 느낌이 타쿠로를 엄습했다.

 알고 있다. 이 또한 치아키의 그림이다. 그럼에도 두려운 느낌은 머리 꼭대기까지 타고 올라와 타쿠로를 철저히 휘감았다.

 그림 속 여자의 눈은 타쿠로를 꼼짝 못하게 만들었다. 씩, 하고 웃음을 머금는 치아키의 기척에 간신히 타쿠로의 몸이 풀려나왔다. 타쿠로의 이마에 땀이 흥건히 배어 있다.

 킥킥거리며 치아키가 가면 너머로 웃고 있다.

 낄낄거리며 시퍼런 얼굴의 여자가 웃고 있다.

 "자, 자꾸 그러면 아빠 정말 화낸다!"

 치아키는 시퍼런 얼굴의 가면을 얼굴에서 떼더니 스케치북을 들고 2층으로 올라가버렸다.

 '쾅' 하고 2층 방문이 닫히는 소리가 들렸다.

 암울한 결혼기념일이다. 타쿠로는 이마의 땀을 닦아냈다. 그는 테이블 위로 흩어진 밤색 케이크의 파편을 티슈로 닦아 쓰레기통에 던져버렸다. 그러고는 테이블 밑에 놓인, 시퍼런 얼굴이 그려진 종잇조각도 주웠다.

 치아키는 무엇 때문에 그림을 그릴까.

 처음에 치아키가 그린 그림을 봤을 땐 치아키 나름대로의 캐리커처가 아닌가 생각했다. 대머리인 쿠스노키를 머리가 더부룩한 귀신으로 그려 그를 기쁘게 해준 적도 있다. 그렇게 보면 이전에 치아키가 묘지에서 그린 그림도 받아들이기에 따라서는 독특하게 볼 수도 있다.

 하지만 이 그림은 달랐다. 언제 봐도, 아무리 보아도, 접수가 안 된다. 이 여자의 얼굴은 마치 묘석 같다. 휑하니 뚫린 눈알에 끊임없이 절규할 것 같은 입. 막 처형된 사람의 목을 그린 정물화처럼 보인다.

 이 여자가 미사코라니, 아무리 봐도 아니다. 그는 미사코의 영정을 불단에 다시 모시고, 거베라 꽃 한 송이를 영정 앞에 놓았다. 남은 꽃은 부엌 싱크대 위에 두었다.

 치아키가 먹지 않은 케이크는 전부 쓰레기통에 버렸다. 결국 그 시퍼런 여자만 케이크를 먹었다. 그는 그릇을 씻었다. 부엌은 정결하게 정돈되어 있다. 부엌만이 아니고 화장실과 목욕탕도 미키가 깨끗이 청소해 놓았다.

 미키가 옴으로써 그는 알았다. 역시 한 사람 더 가족이 필요하다. 결혼기념일에 그런 생각을 한다는 것 자체가 미사코에게는 미안한 일이지만 홀아비 생활은 아무래도 힘들다. 치아키가 갑자기 변한 원인이 미키 탓이라면 재혼은 사실상 어렵다. 그렇지만 치아키를 위해서도, 타쿠로 자신을 위해서도 가족 한 사람이 더 필요하다. 치아키에는 엄마가, 타쿠로에게는 파트너가 될 사람이. 치아키가 현실을 이해할 만큼 조금 더 컸을 때 고려하는 게 좋겠다.

미키를 생각했다. 그녀는 미인일 뿐 아니라 마음씨도 상냥한 여인이다. 치아키에게도 잘 대해준다. 함께 살 수 있다면 얼마나 좋을까. 치아키도 서서히 엄마가 없어 불편함을 느낄 나이다. 어린 아이에게 엄마는 무시할 수 없는 큰 존재다.

그는 등 뒤에서 시선을 느꼈다. 기분 나쁜 시선이었다. 뒤돌아보지 않아도 치아키. 그래도 이상했다. 문을 여는 소리도, 계단을 내려오는 소리도 전혀 들리지 않았다. 생각에 열중하다보니 소리를 못 들었나.

흐르는 물에 손을 댄 채 그는 설거지하던 손을 잠시 멈추었다. 계단 쪽을 바라보던 치아키를 떠올렸다. 뭔가를 두려워하며 미친 듯이 고함을 치던 치아키가 떠올랐다. 시퍼런 얼굴도 겹쳐졌다.

어떤 게 보여서 그것을 그림으로 그리는 건 좋지만, 엄마를 만들어 자신의 감정을 표현하는 가증스러운 짓은 관두게 하고 싶다. 치아키를 한번 더 따끔하게 꾸짖어야겠다. 그 여자는 엄마가 아니라고.

그는 미간을 찌푸리고 뒤돌아 보았다. 계단에 치아키의 모습은 없었다. 그런데도 기분 나쁜 시선은 여전히 그곳에 남아 있다. 달콤한 케이크의 향기와 더불어.

4

 이상하리만치 졸리다. 부드러운 햇살이 내리쬐는 공원 벤치에 앉아 있으면 금방 끄덕끄덕 졸게 된다. 불과 얼마 전만 해도 바깥에 나가면 몸이 끈적거릴 만큼 더웠는데, 갑자기 상쾌한 바람이 부는 계절로 바뀌었다. 그러고 보니 매미들의 합창도 끝나 있었다.
 바람이 달착지근한 금목서(물푸레나무의 한 종류로 진한 노란색 꽃이 피고 향기가 아주 좋다.) 향기와 낙엽에 묻은 흙냄새를 날라다 준다. 그 감미로운 향기에 가끔 쉰 냄새가 섞여 났다. 주위를 둘러 보니 공원 모래밭에 썩은 것 같은 이불이 널려 있다. 쉰 냄새는 거기서 풍기는 모양이었다. 이불 밑에서 햇볕에 까맣게 탄 노인의 얼굴이 삐죽 나왔다. 그러더니 입을 크게 벌려 하품을 했다.
 요즘 이 공원에서 노숙자가 자주 눈에 띈다. 강 근처에 있는 공원과는 달리 주택가 한가운데 있는 이 공원은 아이들도 자주 와서 노는 곳이다.
 손목시계를 보니 머지않아 치아키가 유치원에서 돌아올 시간이다. 공원 앞 길에서 타쿠로처럼 아이를 기다리는 엄마들이 수다를 떨고 있다. 같이 어울리기 뭐해 이렇게 멀찌감치 떨어져서 치아키를 기다린다. 그러다보니 가끔 잠이 밀려온다. 죽은 듯이 자고 있는 노숙자가 때로는 부러워진다.

정각에 맞추어 물빛 유치원 버스가 공원 앞에 섰다. 씩씩한 목소리로 엄마를 부르는 아이들 틈에서 섞여 치아키가 무표정한 얼굴로 버스에서 내렸다. 벤치에 앉아 있는 타쿠로를 보더니 가방을 질질 끌며 귀찮다는 듯이 천천히 다가온다.

"잘 다녀왔어?"

"다녀왔습니다."

그는 치아키가 질질 끌고 온 가방의 먼지를 떨어 어깨에 걸쳐 맸다. 치아키의 담임선생님인 사토나카도 버스에서 내려 엄마들에게 인사하고 있다. 그녀가 타쿠로에게도 인사를 하자 그제서야 주위 엄마들이 타쿠로에게 인사한다. 타쿠로도 인사를 건넨다. 이렇게 거리를 두면 사람들에게 일일이 머리 숙여 귀찮게 인사하지 않아도 됐다. 그런 이유로 그는 공원 안에서 치아키를 기다렸다.

사토나카와는 치아키의 일로 몇번이나 상담을 한 적이 있다. 사토나카는 20대 중반으로 아직 젊었지만 겉보기에는 30대 후반으로 보였다. 시력이 많이 안 좋은지 두꺼운 검은 테 안경을 쓰고 있다. 그래서 더더욱 나이가 들어 보였다.

오늘따라 셔틀버스는 사토나카를 놔두고 가버렸다. 엄마들은 집으로 돌아가는 중이었고, 이를 바라보던 사토나카는 한번 더 타쿠로에게 고개를 숙여 인사하곤 타쿠로에게 다가왔다.

"치아키 아버님께 상담할 일이 있어서요."

치아키가 무슨 일을 저질렀나보다. 타쿠로는 순간적으로 그런 생각이 들었다. 집 안에서만 괴이한 행동을 저지르는 건 아닐 거라고 생각한 적이 있긴 하지만……. 역시 집 밖에서도 속을 썩이는 모양이다.

치아키는 불안한 표정으로 타쿠로를 바라보더니 집 쪽으로 뛰어간다. 타쿠로와 사토나카가 그 뒤를 따라갔다.

"들어오시죠, 집 안이 어지럽지요?"

사토나카는 "그럼 실례하겠습니다."라며 정중히 고개를 숙여 인사한다.

"치아키, 아빠는 선생님이랑 중요한 이야기를 나눠야 하니까 네 방에서 놀고 있어."

자신의 일로 선생님이 찾아왔다는 사실을 눈치챘는지 치아키의 표정이 어둡다. 타쿠로는 좀처럼 2층으로 올라가지 않으려는 치아키를 반 강제로 손을 잡아당겨 데리고 올라갔다.

거실에 돌아오니 사토나카가 미안하다는 듯 다시 머리를 숙였다. 머리 숙이는 일이 익숙한 여자라고 생각했다.

"요즘 들어서, 치아키 말인데요."

"역시 무슨 일이 있었나요?"

"역시라니요?"

"혹시 괴상한 그림을 그리진 않나요?"

"……예."

"사실은 저도 힘들어서요."

타쿠로는 쓴웃음을 지었다. 하지만 사토나카의 표정은 여전히 굳어 있었다.

"모두 치아키를 무서워해요."

"……그래요?"

사토나카는 미안한 듯 시선을 아래로 향하고 말을 이어갔다.

"일전에 유치원생들에게 엄마, 아빠의 얼굴을 그리게 했어요. 그런데 치아키가 그린 그림은……."

"시퍼런 얼굴이었나요?"

사토나카가 고개를 끄덕인다.

타쿠로는 길게 한숨을 내쉬었다.

"얼마 전부터 그 얼굴을 제 엄마라고 우기고 있어요."

사토나카는 흘깃 계단 위를 바라보았다. 치아키가 몰래 엿듣고 있을까봐 신경이 쓰이는 모양이다.

"치아키 나름대로 엄마가 돌아가신 사실을 이해하고, 살아 있는 아빠와 구별 지으려고 그렇게 그린 것인지도 모릅니다. 저는 그렇게 생각합니다만."

"이해라……."

"아이들은 말로 표현하지 않아도 이해하는 게 있어요. 오히려 통찰력 면에선 어른보다 낫죠. 우리 어른들이 제멋대로 색안경을 끼고 아이들을 바라보는 건지도 모릅니다. 아마 치아키는……."

"엄마가 죽은 사실을 이해한다는 말인가요?"

"예예."

어린아이를 다루는 전문가의 의견이니 그 말이 맞을지도 모른다. 미사코가 죽은 사실을 이해한다? 듣고 보니 치아키에게서 그런 느낌을 받을 때가 가끔 있다.

"그런데 유치원생들이 봤다고 말을 꺼내면서……."

"봤다니요?"

좋지 않은 예감이 들었다.

"치아키가 그린 얼굴이 꿈에 나타났다고 말하는 아이가 한둘이 아닙니다."

그 그림은 어른이 봐도 깜짝 놀라게 마련이다. 어린아이라면 말할 것도 없을 것이다.

"어떤 아이가 그 얼굴이 창문 너머로 교실을 엿보고 있다고 말하는 바람에 점심시간 후에 낮잠도 제대로 재울 수가 없어요. 토하거나 실신하는 아이도 생겼고요."

무시무시한 영향력이다. 새삼스레 치아키의 그림이 무서워졌다.

"그것만이 아니에요. 치아키가 유치원 이곳저곳에 그 그림을 붙여놓는 바람에 다른 반 아이들도 무서워해요."

사토나카는 말을 멈추고 갑자기 긴장한 표정으로 계단 위를 바라보았다.

"왜 그러세요?"

"아, 아무것도 아닙니다. 아 참, 치아키가 저에 대해 아무 말도 없던가요?"

"선생님에 관한 이야기요? 아뇨. 무슨 일로……?"

사토나카는 치아키를 두려워하고 있었다.

"치아키에게 이상한 그림을 그리지 말라고 당장 주의를 주겠습니다."

'그렇게 쉽지 않을 걸요.'라고 말하듯 사토나카는 고개를 옆으로 저었다.

"그러시지 않는 편이 좋습니다. 절대로."

사토나카는 오른쪽 소매의 단추를 풀곤 옷소매를 말아 올려 팔을 보여주었다. 손목 바로 위에 이에 물린 자국이 있고, 상처가 자줏빛으로 변해 있었다.

"설마, 치아키가……. 치아키! 치아키, 너 당장 내려와!"

타쿠로가 자리에서 일어서려는 것을 사토나카가 제지했다. 치아키를 부르지 말라고, 그녀의 눈빛이 그렇게 말하고 있다. 타쿠로는 비로소 확신했다. 그녀가 치아키를 무서워하고 있다고.

"괜찮습니다. 이 정도 상처는 아이들을 상대하다보면 가끔 생기거든요. 그보다 앞으로 치아키 문제를 어떻게 할지……."

진심에서 우러나온 말이 아니다. 굳은 표정에, 치아키를 두려워하는 태도를 보이는 사람이 말할 대사는 더욱 아니다.

"아이들이 무서워서 치아키에게 다가가지 못해요. 앞으로의 일을 생각하면……."

"잘 알았습니다. 제가 무슨 대책이라도 세워 볼게요."

그렇다고 딱히 뾰족한 수가 있는 것은 아니다.

"치아키가 그린 그림을 가져왔습니다. 한번 보실래요?"

사토나카는 가방에서 동그랗고 긴 통에 둘둘 말린 종이를 꺼내 타쿠로에게 건넸다. 타쿠로가 그림을 펼치려고 하자 사토나카는 그림이 보고 싶지 않은지 얼굴을 돌렸다.

치아키가 그린 엄마와 아빠의 그림이다. 타쿠로의 얼굴과 예의 시퍼런 얼굴의 여자가 그려져 있다. 척 보기에도 부부처럼 서로 기대고 있다.

그림이 한 장 더 있었다. 여자의 얼굴이다. 그런데 늘 보던 얼굴이 아니다. 새빨간 색으로 질펀하게 칠해진, 눈이 사각형인 전혀 별개의 사람이었다.

예의 시퍼런 여자는 그늘진 구석에서 엿보듯, 코부터 윗부분만 달랑 한 귀퉁이에 그려져 있다. 시퍼런 얼굴에는 만화책처럼 말풍선이 나와 있고, 거기엔 이렇게 적혀 있다.

"호도키요."

섬뜩한 그림이다. 마치 그림을 살해하듯 색연필 심이 부러질 때까지, 구멍이 뚫릴 때까지 난폭하게 빨간색을 칠해놓았다.

"이 빨간 얼굴이 저라고 하더군요."

사토나카의 목소리가 떨렸다. 섬세한 그림은 아니지만 타쿠로도 그렇게 생각했다. 그림에 그려진 얼굴을 보고 바로 사토나카의 얼굴이 떠올랐다. 네모지게 그려진 눈은 아마 안경일 것이다.

"이 그림을 봐서 그런지 몰라도 제 꿈에도 나타납니다."

"선생님한테도요?"

"예, 그 시퍼런 얼굴이."

그녀는 그 이상은 말하고 싶지 않다는 듯 양손으로 입을 가렸다. 끔찍한 악몽이었나보다.

"이만 가보겠습니다."라고 사토나카는 기어들어 가는 목소리로 말했다. 현관까지 그녀를 배웅하는 와중에도 그녀는 몇 번이나 고개를 숙여 절을 하고 도망치듯 타쿠로의 집을 빠져나갔다. 그러는 동안 타쿠로는 등 뒤로 오싹한 시선을 느끼고 있었다.

"치아키, 그 얼굴 시퍼런 여자, 누구니?"

타쿠로는 그날, 저녁 먹는 자리에서 몇 번이나 되풀이해서 물었다. 치아키는 변함없이 '엄마'라고 대답한다.

요즘에는 식탁에서도 아예 스케치북을 펼쳐놓고 시퍼런 얼굴과 함께 밥을 먹는다. 식탁은 가족이 모이는 장소이다. 그러니 당연히 시퍼런 얼굴의 '엄마'가 있어야만 한다. 치아키는 그렇게 생각했나 보다. 우선 이 문제부터 해결해야 한다.

"치아키, 이 얼굴이 엄마야."

미리 준비한 미사코의 사진을 치아키의 눈앞에 보여주었다. 셋이 우에노 동물원에 갔을 때 찍은 가족사진이었다.

"그래, 엄마."

치아키는 군말 없이 인정했다.

"이 얼굴은 누구?"

이번에는 미사코의 개인 전시회 때 전시회장에서 찍은 사진을 보여 주었다. 아직 갓난아기인 치아키를 안고 있는 미사코가 얼굴 가득 웃음을 띠고 있다.

"엄마잖아."

"그럼, 이 시퍼런 얼굴은 누굴까?"

"엄마."

"치아키, 어떻게 엄마가 둘이나 돼?"

치아키는 어렵다는 표정을 짓는다.

"이 사진과 저 시퍼런 얼굴이 똑같이 엄마는 아니잖아?"

"그치만, 엄만걸."

이대로 가다간 대화가 언제 끝날지 알 수 없다.

"치아키, 그 얼굴은 엄마가 아냐. 귀신이지."

치아키의 얼굴이 굳어졌다.

"잘 들어. 그건 귀신이야. 치아키가 아주, 너무, 무척 싫어하는, 무서운 귀신."

"그치만……."

"엄마라면 그런 무서운 얼굴을 하고 치아키 앞에 나오지 않아, 그렇지?"

"치아키 앞에 엄마 없어."

치아키는 무섭다는 표정이다. 그 눈동자에 타쿠로가 들어 있지 않다.

"어디 있는데?"

"아빠 어깨에 올라탔어."

치아키의 시선을 따라 저도 모르게 자신의 오른쪽 어깨를 볼 뻔했다. 치아키가 노리던 바다.

"치아키, 그런 장난은 이제 그만 쳐."

"이렇게 올라타고 있는걸."

치아키는 테이블 위에 얼굴을 기댔다. 그 시퍼런 얼굴이 타쿠로의 어깨에 턱을 괴고 있다는 말이다. 그런 모습을 상상하니 아무리 조그만 애가 말하는 헛소리라도 소름이 쫙 끼친다.

"치아키, 아빠 겁주려고 그러는 거지?"

"아빠, 엄마가 무서워?"

"무섭긴. 그런 귀신, 아빠는 조금도 무섭지 않아."

실은 무서웠다. 치아키는 유치원에서 이런 무서운 이야기를 아무렇지도 않게 떠들고 다니겠지. 사토나카가 치아키를 두려워하는 이유를 알 만도 했다. 그런 타쿠로의 생각을 알았는지는 몰라도 치아키는 '정말 아무것도 안 보여?'라는 표정을 짓고 있다.

"치아키, 아빠랑 약속하자."

"뭘?"

치아키는 타쿠로의 눈을 계속 바라보았다. 테이블 위에 턱을 괸 채로.

"그 그림 말야, 더 이상 그리면 안 돼."

치아키는 아무 말도 하지 않는다. 표정도 변함없다.

"아빠가 물으면 대답해야지!"

치아키는 타쿠로에게 시선을 고정한 채 얼굴만 들어올렸다. 테이블에 턱을 괴고 있어서 턱이 빨갛다.

"다른 그림은 그려도 좋아. 하지만 그 그림은 안 돼."

이미 치아키의 오른손은 조금씩 스케치북 위에서 가늘게 움직이고 있다. 파란색과 검은색 색연필이 번갈아 바쁘게 움직인다. 그 얼굴을 그리는 중이다.

"관두라니까!"

그는 치아키의 오른손을 잡아 눌렀다.

"꺄아아앙!"

화약이 폭발한 것처럼 치아키가 괴성을 질렀다. 타쿠로를 노려보며 발에 밟힌 개구리 같은 소리를 내질렀다.

"꺄아아아아아아앙앙앙아아앙!"

치아키는 턱이 금방이라도 떨어질 것처럼 크게 입을 벌리고 절규했다. 타쿠로는 당황해서 잡았던 치아키의 손을 놓았다. 그러자 언제 그랬냐는 듯이 치아키가 괴성을 멈추었다. 그러고는 냉혹한 시선으로 타쿠로를 바라본다.

"그러면 안 돼, 아빠."

너무 차분한 목소리였다. 방금 전에 미친 듯이 괴성을 질렀다고는 믿기 어려울 정도로.

"안 되다니, 뭐가?"

"아빠를 위해서 그러니까."

"자꾸 거짓말 할래? 아빠를 위해서라니! 그건 귀신 얼굴이야. 아빠는 귀신 얼굴 싫어!"

"얼굴이 무서워! 아빠가 그렇게 말하면 얼굴이 무서워져!"

치아키가 공포에 질려 얼굴이 일그러졌다. 타쿠로는 무서워하면서 자신의 얼굴을 만졌다. 그렇게나 무서운 얼굴로 치아키를 꾸짖었던가. 하지만 금방 그게 아니란 걸 알았다. 자신의 얼굴은 '무서운 얼굴'이 아니다. 치아키는 타쿠로의 왼쪽 어깨 위를 보고 무서워하고 있다.

거기에 '무서운 얼굴'이 있다. 어린아이가 일부러 그런 표정을 지을 수는 없다. 타쿠로는 자기도 모르게 벌떡 일어나 오른손으로 왼쪽 어깨를 털어냈다.

치아키는 어느새 2층으로 올라가버렸다. 타쿠로는 음식에 손도 대지 못했다. 그날 밤부터 치아키는 제 방에서 잤다. 그리고 밤

11시가 되면 타쿠로의 서재로 왔다.

"아빠, 산책 가자."

일요일 오전, 급히 사토나카가 방문했다.

"원인을 알아냈어요."

사토나카가 들뜬 목소리로 건넨 첫마디였다.

"치아키는 아스퍼거 증후군Asperger Syndrome 같아요."

"마음의 병입니다."

그렇게 사토나카는 덧붙였다. 처음 듣는 병명에 불안을 느낀 타쿠로는 이야기를 재촉했다.

"동년배 친구와 우호적인 관계를 맺지 못하고, 물건이나 습관에 이상하리만큼 집착하면서 정해진 행동을 반복하는 증상인데, 조사해보니 치아키의 행동에도 그런 조짐이 있어요. 치아키의 경우는 금방 알 수 있어요. 그림을 그릴 때는 너무 열중해서 친구에게 관심조차 없어요. 오히려 다른 것에 흥미가 없어 그림에 집착한다고 말할 수 있겠네요. 그래서 다른 아이들과 즐거움을 공유하지도 못하고 단체 행동도 안하는 거예요. 즉, 자신만의 세계에 빠져서 만족하는 셈이지요."

"만족한다고요?"

타쿠로는 치아키가 만족해 하는 표정을 본 적이 없다.

"자신과 가치관이 다른 사람에게는 전혀 관심이 없는 거죠. 그래서 자기 혼자만으로도 충분하다고 여겨요. 똑같은 그림을 계속 그리는 행위에 어떤 의문도 갖지 않는 이유는 그림을 그리는 것 외에는 무엇을 해야 할지 모르기 때문이에요."

"어떡하면 다른 사람과 가치관을 공유할 수 있는지요?"

"치아키한테는 이미 가치관을, 아니 모든 것을 공유할 수 있는 존재가 있어요."

"시퍼런 얼굴인가요?"

두려워하는 타쿠로의 말에 사토나카는 머리를 끄덕였다.

"제 말씀 잘 들어보세요."

사토나카는 자세를 고치더니 심각한 표정이 되었다.

"치아키는 대단히 중요한 시기에 마음의 병이 걸린 겁니다. 제가 찾아뵌 이유는 치아키를 전문가에게 보내 상담을 받게 하려는 겁니다."

"이 상태로는 유치원에 다니기가 무리라는 말씀입니까?"

"이해해주셨으면 합니다. 기본적으로 유치원은 교육기관이지, 치료기관은 아니거든요."

사토나카의 표정에서 두려움이 사라진 이유를 알 만했다. 골칫덩어리를 처리할 수 있게 된 까닭이리라. 사토나카는 기계적으로 이야기를 이어갔다.

"선생님들이 자폐증에 관한 워크숍에 의무적으로 참여하는 유치원도 있어요. 저는 치아키를 전문 시설에 보낼 것을 권합니다."

더 이상 듣고 싶지 않았다. 그래서 "알겠습니다."라고밖에 대답할 수 없었다. 대화는 그것으로 끝이 났다. 사토나카는 돌아갈 준비를 하면서 A4 크기 봉투를 타쿠로에게 내밀었다.

"전문교육을 받은 선생님이 있는 유치원과 치료 시설, 장애 아동 지원센터 자료입니다."

"고맙습니다."

속으로는 전혀 고맙지 않았다. 당장이라도 자료를 던져버리고 싶었다.

"오늘은 이만 실례하겠습니다. 자세한 이야기는 먼저 자료를 검토하신 후에 다음 주라도……."

사토나카는 소파에서 일어났다. 한 모금도 마시지 않은 홍차가 이미 식어 있었다.

"선생님 벌써 가세요?"

절묘한 타이밍으로 치아키가 2층에서 내려왔다. 옆에서 봐도 사토나카가 심하게 동요하고 있다는 것을 알아차릴 정도다.

"내일 보자, 치아키, 안녕."

"싫어! 치아키가 선생님 바래다줄게!"

치아키는 그렇게 말하고 다시 2층으로 올라갔다. 나갈 준비를 하려는 모양이다.

"괜찮아, 치아키. 선생님 혼자서도 갈 수 있어!"

사토나카는 당장이라도 돌아갈 태세를 취했다.

"모처럼인데 그냥 따라주세요. 치아키가 사람을 바래다준다고 하다니 신기한 일이네요."

"아녜요. 제가 바빠서요."

사양하는건지, 아니면 싫어서인지, 아마 후자일 것이라고 타쿠로는 생각했다. 사토나카가 현관에서 급히 신을 신으려는데, 치아키가 총총히 계단을 내려왔다.

"치아키, 선생님 잘 모셔다 드려야 해."

치아키는 기쁜 듯 눈웃음을 치면서 사토나카의 손을 잡았다. 희한한 일이었다. 순간, 사토나카는 놀라서 웃는 게 부자연스러웠다. 현관문이 닫히는 찰나 치아키가 뒤를 돌아보더니 타쿠로에게 웃음을 날렸다. 왠지 불안감이 타쿠로를 엄습했다. 치아키는 5분도 되지 않아 돌아왔다.

다음 날, 유치원에서 사토나카가 죽었다는 연락이 왔다. 타쿠로는 아침 뉴스를 통해 이미 그 사실을 알고 있었다. 사토나카가 육교를 건너다가 이상한 자세로 떨어지는 바람에 마침 그곳을 달려가던 자동차에 치어 죽었다는, 자살로 추정된다는 보도였다. 치아키가 바래다주겠다던 바로 그때였다.

유치원에서 돌아온 치아키는 아무렇지도 않은 표정으로 "사토나카, 없어졌어."라고 말했다. 타쿠로는 치아키가 그린 새빨간 얼굴의 사토나카 그림을 정원에서 불태웠다.

시퍼런 얼굴이 저주하는 눈빛으로 타쿠로를 바라보고 있었다.

5

 거리를 걷다보면 계절이 바뀌는 모습을 심심찮게 볼 수 있다. 불과 얼마 전만 해도 고독하게 낙엽을 흩뿌리던 가로수가 빨갛고 파란 전구를 촘촘히 두르고 크리스마스를 맞이한다. 빵가게에서는 달콤한 케이크 향기가 풍겨 나오고, 거리마다 캐럴이 흘러넘친다.
 '쳇'하고 치아키가 혀를 차는 소리가 들려왔다. 타쿠로는 발길을 멈춘다. 스웨터를 입은 마네킹이 쇼윈도 안에 진열되어 있다. 얼굴도 손발도 없는데도 금방 가족임을 알 수 있다. 아빠, 엄마, 딸 세 명이다. 얼굴과 손발이 없어도 세 사람은 충분히 행복해 보인다.
 치아키는 토르소 조각들보다도 표정이 없다. 크리스마스 장식이 현란한 거리를 걸어도 점점 더 기분만 나빠질 뿐이다. 치아키는 차가운 바람으로부터 도망치려는 듯 때마침 눈에 보이는 백화점으로 들어가버렸다.
 아이들이 좋아할 만한 완구 판매장과 서점, 귀여운 옷을 파는 매장에 들렀건만 치아키는 도통 관심을 보이지 않는다. 치아키가 유일하게 관심을 보이는 물건은 새로운 스케치북과 색연필뿐이다. 문구 코너에 이르자 치아키는 타쿠로의 손을 뿌리치고 달려가서 색연필을 고르기 시작했다. 올해 크리스마스 선물은 색연필과 물개가 그려진 스케치북으로 정했다.

두 사람은 겨울옷을 사려고 문구 코너를 나와 에스컬레이터를 타고 아래층으로 내려갔다. 치아키는 무표정한 얼굴로 되돌아왔다.

"아빠랑 쇼핑하는 게 싫어?"

치아키는 고개를 옆으로 흔든다.

"따뜻한 스웨터를 사놓지 않으면 밤에 산책하기 힘들어질 걸."

치아키는 알아들었다는 듯이 고개를 끄덕였다. 그래도 표정은 여전하다.

두 사람 앞에 일가족 세 명이 걷고 있다. 치아키 또래의 여자 아이가 젊은 부부 사이에 끼어 한 손은 엄마 손을, 다른 한 손은 아빠 손을 잡고 있다. 아빠는 투명한 플라스틱 상자에 든 샛노란 큰 곰 인형을 한 팔에 안고 있다. 그 가족을 치아키는 차가운 눈으로 바라보았다.

타쿠로는 따뜻한 음료수를 사서 치아키가 기다리고 있는 벤치로 걸어갔다. 치아키는 손으로 양쪽 귀를 틀어막고는 뚱한 표정을 짓고 있다. 백화점 옥상은 게임 기계에서 나오는 소리가 뒤섞여 시끄러웠다. 바로 앞 벤치에는 아까 본 가족이 나란히 앉아 있다. 여자 아이는 곰 인형이 든 상자를 무릎 위에 올려놓고 깔깔거리고 있다.

그 웃음소리에 마음이 우울한지 치아키는 가방에서 스케치북을 꺼내 그림을 그리기 시작했다. 시선은 눈앞의 부부를 향하고 있다. 이 행복해 보이는 가족을 치아키는 어떻게 그릴까. 얼굴을 구멍투성이로 만들까. 아예 목을 없애 버릴까. 예의 시퍼런 얼굴로 만들어 버릴까.

타쿠로의 예상은 보기 좋게 빗나갔다. 스케치북에는 평소의 치아키라면 전혀 그리지 않았을 그림이 그려져 있다.

샛노란 곰 인형 그대로.

치아키는 눈앞의 아이가 가지고 있는 곰 인형을 그렸다. 금방이라도 울 것 같은 얼굴로.

"선생님?"

오랜만에 들어보는 목소리에 타쿠로는 얼굴을 들었다. 미키였다.

"어, 미키 씨…… 왠지 굉장히 오랜만에 만난 기분이 드네요."

"저도 그래요. 아 참, 새로 들어온 담당 편집자는 어때요?"

미키는 이젠 타쿠로의 담당이 아니다. 아마 스스로 물러났을 것이다. 대신에 '미야기'라는 젊은 남자가 타쿠로의 담당이 되었다.

치아키는 옆자리에 앉는 미키를 곁눈질로 보고 있다.

"실은, 선생님 댁에 들를 예정이었어요."

"아, 그래요? 마침 차를 갖고 왔으니 지금 같이 가실래요?"

일어서려는 그를 미키가 손으로 막는다.

"이걸 주려고요."

그렇게 말하더니 곰 인형을 치아키에게 건넨다. 상자에는 '해피 크리스마스'라고 쓰인 황금색 스티커가 붙어 있다. 치아키는 멋쩍은지 그녀가 건넨 상자를 좀체 받으려고 하지 않는다.

"치아키, 이럴 땐 뭐라고 해야 하지?"

치아키는 타쿠로에게 달라붙어 얼굴을 가린다.

"치아키, 어서."

"괜찮아요. 어차피 선생님께 드릴 생각이었어요."

벤치에 곰 인형이 든 상자를 놓고 미키가 일어서려는 참이었다. 타쿠로가 그녀의 팔을 잡았다.

"엄마, 똑같은 곰이 있어."

건너편 벤치에 앉은 여자 아이가 치아키 옆에 놓인 곰 인형을 손으로 가리킨다. 치아키는 벤치에서 내려와 곰 인형이 든 상자를 가지고 그들에게 가서 여자 아이의 손을 잡아끌었다.

"같이 놀자."

"리나, 언니하고 놀다 와."

치아키와 리나라는 여자 아이는 손을 잡고 달려갔다. 둘 다 한 팔에 곰 인형이 든 상자를 껴안고. 타쿠로는 어이가 없었다. 그리고 자신이 미키의 팔을 잡고 있다는 사실을 알아채고는 당황한 나머지 황급히 손을 뗐다.

"치아키의 저런 모습, 처음 봤어요."

치아키가 동년배 아이와 서로 쫓아다니면서 재밌게 놀고 있다.

믿기 어려운 광경이다.

"우리 둘에게서 도망치고 싶었나 봐요."

"아녜요. 치아키는 선물이 마음에 들었나 봐요. 솔직하지 못해서 그래요."

"그렇다면 다행이고요. 하지만 아직도 저를 싫어하겠지요?"

"미키 씨를 싫어하지는 않아요. 다만 일상생활의 변화를 두려워할 뿐이에요."

치아키와 리나가 우스워 죽겠다는 듯이 깔깔대고 있다. 시계탑 주위를 돌며 숨바꼭질을 하고 있다.

"난 그 시퍼런 얼굴의 속박에서 치아키를 구해내고 싶어요."

타쿠로는 왼손을 미키에게 보여주었다. 약지에 거베라 꽃이 새겨진 반지가 끼워져 있다.

"나도 죽은 아내의 그림자에서 벗어나지 않으면 안 되고요. 미사코가 죽은 지 일 년 반이 채 안 됐지만 치아키한테는 꽤 긴 세월이었을 거예요. 가장 중요한 시기에 엄마가 죽었으니까요. 그래서 예의 시퍼런 얼굴에서라도 엄마를 찾고 싶었나 봐요."

미키는 조용히 그의 말을 듣고 있다.

"치아키는 이런 데, 아이들이 모여드는 곳을 싫어해요. 왠지 아세요?"

"글쎄요."

"다른 아이와 자신의 차이에 안절부절못하거든요. 다른 아이들처럼 엄마와 아빠 손을 양손에 잡고 싶은데, 한 손밖에 없으니."

타쿠로는 치아키의 스케치북을 펼쳐 미키에게 보여주었다.

"이 곰은 치아키가 어떤 가족을 보고 그렸어요. 금방이라도 울 것 같은 얼굴을 하고요. 바로 그때 미키 씨가 여기 나타난 거예요."

"우연 치고는 묘하네요."

"난, 모든 일을 우연이라는 말로 덮는 걸 좋아하지 않아요. 나와 치아키가 이 백화점 옥상에 있고, 어쩌다 우리 건너편 벤치에 곰 인형을 든 가족 세 명이 앉았고, 치아키는 그 곰 인형을 그렸다. 그리고 여기에 미키 씨가 나타났다. 곰 인형을 들고."

"어쨌든 우연이잖아요?"

그는 스케치북을 덮어 자신과 미키 사이에 놓는다.

"미키 씨는 신의 존재를 믿나요?"

"어렵네요. 그 질문."

"쿠스노키 씨는 그런 존재를 믿는다고 하더군요. 복의 신, 가난의 신 등, 쿠스노키 씨다운 신들이지만."

"하긴 그분 체형을 보면 두루뭉술한 게 복의 신이 생각나요."

그렇게 말한 미키가 입을 가리며 웃는다.

"어린아이의 신은 바로 엄마예요."

타쿠로는 즐겁게 뛰노는 치아키를 보면서 말했다. 둘은 아직도 시계탑 주위를 빙글빙글 돌고 있다.

"만약 내가 치아키의 신을 결정할 수 있다면 시퍼런 얼굴의 여자는 절대로 고르지 않겠어요. 만일 나라면 미키 씨를."

"잠깐만요. 선생님."

"예, 예."

"혹시 저한테 프러포즈하시는 거예요?"

"예?"

방금 전에 자신이 한 말을 떠올리곤 '들켰다.'라고 생각했다. 마음 한구석에 숨겨두려 했던 것이 무의식적으로 입 밖으로 나오고 말았다. 누가 들어도 방금 전에 그가 한 말은 프러포즈다.

다음에 나올 대사를 읊어야 하는데, 말이 나오지 않는다. 미키는 진지한 얼굴로 타쿠로를 바라보고 있다.

"오늘 선생님과 여기서 만난 건, 역시 우연이라는 생각이 드네요."

"그렇죠? 그래요."

"그러니까, 그런 중요한 말은 필연의 상황에서 해주셨으면 합니다."

미키는 정중하게 고개를 숙였다. 타쿠로는 미키가 한 말의 의미가 금방 와 닿지 않아 몇 번이나 "예?"라고 물어야 했다. 미키는 그런 그를 보고 수줍게 미소를 지었다.

– 끼리리, 끼리리, 끼리리리리리

아까부터 계속 톱니바퀴가 맞물리는 듯한 소리가 울려댔지만,

웬일인지 타쿠로도 미키도, 리나의 부모도 전혀 눈치 채지 못했다. 시계탑 주위를 빙글빙글 돌던 리나는 소리쳐 울고 있었다. 제 부모에게 도움을 청하고 있건만, 전혀 들리지 않는 모양이다.

– 끼리리, 끼리리, 끼리리리리리

 아까까지는 어떤 여자 아이와 뒤쫓고 쫓기는 놀이를 했다. 마침 자신이 도망가는 역할, 상대방이 쫓아오는 역할을 하며 놀고 있었는데, 지금은 아니다. 지금, 자신을 쫓아오는 건 아까 그 여자 아이가 아니다. 뭔가 다르다.

– 끼리리, 끼리리, 끼리리리리리, 끼리리, 끼리리

 소름이 돋을 정도로 괴상한 소리를 내면서 뭔가가 자신의 뒤를 쫓아오고 있다. 함께 놀던 여자 아이는 멀리서 리나를 바라보면서 웃고만 있다. 곰 두 마리도 웃고 있다.

 무엇이 자신을 쫓아오고 있는지는 몰라도, 절대로 뒤돌아봐서는 안 될 것 같은 생각이 든다. 하지만 이대로 계속 도망만 다니다간 언제 죽을지 모른다. 리나는 울면서 부모에게 계속 도움을 청한다. 그런데 어른들은 아무도 이 상황을 모르고 있다.

6

2006년 2월.

 금방이라도 눈이 쏟아질 듯 어둑한 하늘. 어젯밤에 내린 비 때문에 생긴 물웅덩이에 살얼음이 끼었다. 신호를 기다리는 차량들의 소음에서 하얀 연기가 오른다. 미키는 추위로 식은 두 손을 호호 불면서 저녁 메뉴를 생각하고 있다. 이런 생각을 하고 있으면 자신의 입장이 바뀌었다는 사실이 새삼스럽다.

 그날, 백화점 옥상에서 타쿠로와 우연히 만나고 얼마 후에 그가 정식으로 프러포즈를 했다. 그리고 미키는 일을 그만두고 타쿠로의 집에 같이 살게 되었다. 결혼식은 올리지 않았고, 결혼반지도 주고받지 않았다. 혼인신고서만이 두 사람을 부부로 인정하는 증거였다.

 치아키의 오싹한 그림은 여전했지만, 자신에 대해 강한 반발심은 보이지 않았다. 미키가 만든 요리도 싫어하지 않고 잘 먹었다. 큰 변화였다.

 하지만 아직 엄마라고 부르지도 않고, 제대로 대화를 나누려고도 하지 않는다. 타쿠로는 시간이 해결해줄 거라고 말한다. 미키도 그렇게 생각해 매일 만드는 음식에도 신경을 많이 쓴다.

오늘처럼 뼈까지 시릴 만큼 추운 날은 비프스튜라도 해볼까.

휴대폰에 문자 메시지가 왔다. 타쿠로다. 오늘은 미팅 때문에 편집 담당자인 미야기와 밖에서 만난다고 한다. "잘 다녀오세요."라고 답신을 보내다 갑자기 불안한 마음이 든다. 미키는 아직 그 집에 혼자 있는 게 익숙하지 않다. 혼자 있으면 마치 집 안 공기가 바뀌는 느낌이다.

미키는 발걸음을 멈췄다. 또 꽃다발이다. 이젠 질렸다. 아파트 쓰레기 처리장에 쓰레기는 없고 꽃다발만 버려져 있다. 어제까지는 없던 꽃다발이다. 또 누가 죽었을까. 장소로 미루어볼 때 높은 데서 떨어져 자살했나보다.

최근 이 길거리에서 바닥에 놓인 꽃을 자주 본다. 마을 가꾸기 운동의 일환이 아니다. 모두 죽은 사람을 추도하고 있다.

미키는 두 손을 모았다. 이 꽃다발로 추모를 받는 사람은 무참히 땅에 떨어지면서 화려하게 생을 마쳤을까.

오늘 저녁에는 비프스튜를 하지 말아야겠다.

슈퍼마켓에서 장을 보고 집에 돌아와, 미키는 현관의 전등을 켰다. 복도 끝의 어둠이 조금 연하다. 그녀는 늘 걸려 있는 액자를 보고 안도의 한숨을 내쉰다.

치아키는 아직 유치원에서 돌아오지 않았다. 이전의 비둘기 사건이 뇌리에서 떠나지 않는다. 복도 끝 어둠 속에서 새빨간 얼굴을 한 치아키가 달려올 것만 같은 공포가 꼬리를 문다.

 미키는 장을 본 물건을 정리했다. 치아키가 유치원에서 돌아올 때까지는 아직 시간이 남았기에 잠시 눈을 붙이려고 소파에 누웠지만 도저히 잠이 오질 않는다.

 지금, 이 집에는 그녀 혼자뿐이다. 그런데도 혼자 있는 것 같지 않다. 타쿠로와 치아키가 밤 산책을 나갈 때도 그랬다. 누군가 있다는 느낌을 받는다.

 잠자기를 포기하고 거실에 흩어져 있는 치아키의 그림을 정리하기로 했다. 치아키의 그림은 여전히 오싹한 것들뿐이지만, 요즘에는 시퍼런 얼굴을 그리지 않는다. 이 또한 커다란 변화다.

 그녀는 치아키의 그림을 들고 2층으로 올라갔다. 미사코가 생전에 쓰던 방의 문이 반쯤 열려 있다. 치아키가 열어놓은 모양이다. 미키는 아직 이 방에 들어가본 적이 없다. 자신이 함부로 들어가서는 안 될 것 같았다.

 게다가 그녀 혼자 집에 있을 때 누가 있다는 느낌이 혹시 이 방에서 비롯되는 게 아닌가 하는 두려움도 있었다. 뭔가 튀어나올 것 같아 문을 닫으려고 다가가자 그림 도구 특유의 냄새가 코를 찌른다. 동시에 문틈으로 여러 가지 색깔이 한꺼번에 눈에 확 들어왔다.

 방은 벽 자체가 캔버스가 된 탓인지, 벽지가 벗겨져 있고 그 틈으로 콘크리트가 흉하게 군데군데 모습을 드러내고 있다. 하얗게 칠해진 벽에는 밝은 색의 그림이 그려져 있다. 진하고 엷은 명암이 탁월하게 구사된 화려한 거미, 개미와 검은 고양이의 행진, 바퀴가 하나뿐인 자전거에 올라탄 피에로.

치아키의 그림과는 다르다. 한참을 보고 있어도 아름다운 그림이다. 미키는 자기도 모르게 초대받은 듯 그 방에 들어서고 말았다. 타쿠로가 서너 번 미사코의 그림을 보여준 적이 있지만, 이렇게 환상적인 그림은 처음이다. 미사코가 즐겁게 그림을 그리고 있는 모습이 절로 떠오른다. 이렇게 기분이 좋아지는 방이라면 애초부터 들어와 볼걸.

왜 자신은 이 방을 불길하게만 상상했을까. 치아키 방의 두 배쯤 되는 이 아틀리에에는 미사코가 생전에 썼던 그림 도구와 그림 모델로 삼은 듯한 자동차 모형과 인형이 가득하다. 벽에 기대어 있는 플라스틱 화판. 나무 테두리에 삼베를 씌우다 만 캔버스. 찢어진 유화. 책상에 나란히 늘어선 예쁜 드레스를 입은 여자 인형들. 책장에 빼곡이 들어차 있는 스케치북과 각종 포즈가 실린 사진집.

그런 물건들을 만지면서 미키는 자신과는 안면이 없는 미사코에 대한 상념에 빠졌다.

한 쪽 벽면에는 회색 커튼으로 감추어진 곳이 있다. 거기엔 무슨 그림이 그려져 있을까. 미키가 커튼에 손을 대려는 순간, 갑자기 실내 공기가 바뀌었다. 공기의 질이 바뀌었다고 말하는 편이 맞다.

실내를 채우고 있던 공기가 녹아내려 몸에 올라타는 듯한 중압감. 얼음처럼 차가운 머리칼이 손발을 스치는 느낌.

미키는 자신의 시각과 청각이 정상적으로 작동하고 있는지 의아했다. 뭔가를 볼지도 모른다. 뭔가를 들을지도 모른다. 그런 공기의 중압감에 오싹한 전율이 일었다.

보고 있다. 아무런 의지도 느껴지지 않는 무수한 시선들이. 방 안의 그림과 인형의 눈이, 그녀를 바라보고 있다. 하지만 그뿐만이 아니다. 더 많은 시선을 느낀다. 처음 들어올 때는 친절했던 이 방이 미키를 거부하고 있다.

이 방의 뭔가를 자극하지 않으려고, 미키는 호흡조차 멈춘 채 가만히 그 방을 빠져나왔다.

"안색이 안 좋은데?"

홍차를 가져온 미키의 얼굴을 보고 타쿠로가 말했다.

"요즘, 잠을 못 자서요."

"왜?"

"악몽을 자주 꿔요."

타쿠로는 그녀의 어깨에 살짝 손을 얹으며 무리하지 말라고 상냥하게 말했다. 컴퓨터 모니터에 빨간 보석의 이미지가 떠 있다.

"예쁘네, 루비예요?"

"응. 새로운 시리즈를 구상했는데, 이번에 게재하는 잡지가 여성

지거든. 그러니까 아름다운 호러소설을 써달라고 미야기 씨가 그러는 거야. 그래서 모든 여성이 이구동성으로 아름답다고 할 만한 게 뭘까 생각해봤는데, 보석이 아닐까 싶어서."

"저는 보석에 별 취미는 없지만, 이 루비는 정말 예쁘네요."

"피전 블러드라고 하는데, 루비 중에서도 특히 색이 짙어서 아주 비싸대."

"피전…… 비둘기 피라는 말인가요?"

미키는 배를 갈라 내장을 도려낸 비둘기 시체와 치아키의 새빨간 얼굴을 떠올렸다. 그 비둘기는 이젠 썩어서 흙으로 돌아갔을까. 미키의 머릿속에는 아직도 그때의 영상이 확실히 기억되고 있다.

"좀 특이한 이름이지만 '비둘기의 피'라는 키워드로 검색해봤더니 재미있는 소재가 많더라고. 가령 고대 아시리아에는 비둘기를 찢어서 신탁을 청하는 전통이 있다는 기록도 전해져."

"비둘기를…… 찢어요?"

"쉽게 말하자면 신에게 바치는 공물이야. 기독교 성경의 '레위기'에도 비둘기 피를 제단에 바쳤다는 기록이 있어. 뭐 거기서 유래된 건 아니지만, 값비싼 보석을 피 색깔에 비유하는 게 재미있지 않아? 일반적으로 피는 혐오의 대상인데."

미키는 가슴이 덜컥 내려앉았다. 치아키의 그 행위를 의식으로 여기면 납득할 수도 있다. 신탁을 청했다면, 그 신은 역시 시퍼런 얼굴의 엄마일까.

"뭔가 재밌는 소설을 쓸 수 있을 것 같아."

"그렇겠네요. …… 기대할게요."

어색하게 웃는 미키를 보고 타쿠로는 의아해하며 미간을 찌푸렸다.

타쿠로는 날이 갈수록 안색이 나빠지는 미키가 걱정되었다. 미키는 아무 말도 하지 않지만, 혹시 자신이 보지 않는 곳에서 치아키에게 괴롭힘을 당하는 건 아닐까. 그런 생각에 젖다보니 글 쓰는 게 순조롭지 않다. 그는 파일을 저장하고 컴퓨터 전원을 껐다.

책상 위의 시계는 저녁 10시 15분을 가리키고 있다. 앞으로 45분만 있으면 치아키가 그를 데리러 온다. 산책을 가자고.

오늘은 미키를 밤 산책에 데리고 가볼까. 치아키가 싫어하겠지만, 이제는 가족이 세 사람이라는 것을 이해시켜야만 할 때다. 예전에는 미사코와 단 둘만의 산책이었지만, 처음으로 가족 세 명이 산책을 즐길 수 있는 기회인지 모른다.

타쿠로는 정확히 11시에 그의 서재에 나타난 치아키를 설득했다. 치아키는 구시렁대면서 마지못해 타쿠로의 제안을 받아들였다.

늘 갔던 길로 늘 걷던 산책로를 걸었다. 변한 건 이 길을 두 명이 아니라 세 명이 걷고 있다는 점이다.

"밤에 보는 강, 왠지 으스스하네요."

미키가 약간 갈라진 목소리로 말했다.

"밤은 죽음을 연상시키잖아. 이 강은 밤의 색깔과 똑같으니까."

치아키는 느릿느릿 걸어가는 두 사람에게 화가 났는지 타쿠로의 손을 뿌리치고 앞쪽으로 먼저 뛰어갔다.

"위험해, 치아키!"

"놔둬. 치아키는 저 다리까지밖에 안 가니까."

타쿠로는 좁은 수로교를 손으로 가리켰다.

"저기에서 그림을 그릴 거야. 나는 그동안 강물을 바라보고. 끝나면 돌아가지. 밤 산책은 그게 다야."

"…… 그래요?"

"미키, 치아키 때문에 속상한 거 있어?"

"왜요?"

"요즘 힘이 없어 보여서. 안색도 나쁘고."

피곤한 웃음을 지어 보인 뒤 미키는 타쿠로의 손을 잡는다. 그 손은 미키의 손이 아니었다. 뼈가 앙상하게 도드라져 딱딱하기까지 했다. 타쿠로는 전에 어디에선가 이런 감촉의 손을 잡아봤다는 생각이 들었다.

"몸무게가 줄었어요. 전에는 아무리 다이어트를 해도 효과가 없었는데, 지금은 편하게 쑥쑥 빠지네요."

"농담하지 말고. 무슨 일 있지?"

"…… 오고 있어요."

"오고 있다니?"

미키는 헬쑥해진 얼굴을 그에게 향했다.

"미사코 씨가…… 매일 밤."

"꿈을 꿨어?"

미키는 발걸음을 멈추고, 타쿠로에게서 손을 뗐다.

"네. 요즘 너무 오싹한 꿈을 많이 꿔요."

딱딱거리는 소리가 났다. 미키가 이를 부딪치며 내는 소리다. 그녀는 손으로 입을 가리며 말을 이어갔다.

"꿈 내용이 전혀 기억나지 않아요. 하지만 미사코 씨의 방에서 느낀 것 같은, 그 분위기……."

"미사코 방에 들어갔었어?"

두려움이 가득한 미키의 눈이 그렇다고 말하고 있다.

"가만히 날 바라보고 있어요. 단지 그뿐이지만 너무 무서워요."

"미사코나 치아키한테 너무 신경을 써서 그런 꿈을 꿀 거야."

"그게 아녜요."

"그럼, 침실을 바꿔볼까. 다다미방이 아닌 내 서재에서 자면 되잖아."

미키는 고개를 옆으로 흔들며, 그게 아니라고, 그게 아니라고 두 번 중얼거렸다.

"꿈에서 깨면 누군가 방금 있었던 기척이 남아 있어요. 내가 꿈을 꾸는 동안 내가 자는 모습을 누군가 계속 지켜보고 있어요."

"치아키……."

"나도 처음에는 그렇게 생각했어요. 그런데 아녜요. 아직도 모르겠어요?"

"모르다니, 뭘?"

미키는 자신의 얼굴을 타쿠로에게 바싹 들이댄다.

"내 얼굴이 예의 그 시퍼런 얼굴이 돼가고 있어요."

듣고 보니 그렇다. 미키의 얼굴이 치아키가 그린 그 얼굴과 닮아 있다. 가로등 밑에서 자세히 봐도 미키의 얼굴이라고는 여겨지지 않았다.

"나중에는 내 얼굴이 그 그림처럼 파래질 거예요. 미사코 씨가 매일 밤 날 부르거든요."

"말도 안 돼."

"나한테 선생님과 치아키를 뺏겼다고 생각해요. 그래서 자고 있는 동안에 나한테 저주를 하는 거예요."

"미키, 무슨 소리야!"

"치아키는 내 마지막 얼굴을 그린 거예요. 잘 봐요, 얼굴이 이렇게 닮아가잖아요. 매일 밤, 매일 밤, 미사코 씨가 자는 내 얼굴에 자신의 얼굴을 바싹 들이대고 죽어, 죽어, 죽어, 죽어, 죽어, 죽어……."

'피싯' 하는 소리가 밤공기를 흔들었다. 미키는 두 손으로 뺨을 감싼다.

"미키, 정신 차려."

타쿠로가 냉정하게 말했다.

"나, 제정신이에요."

"지금은 그렇게 보이는 것 같네."

콧노래가 들려왔다. 치아키가 그림을 그리면서 콧노래를 부르고 있다.

"난 말이야. 언제부턴지 이런 생각이 들더라고. 사람이 죽으면 역시 그 순간으로 끝나는 게 아닐까."

타쿠로가 미키의 어깨를 감쌌다. 미키가 떨고 있는 것이 전해져 왔다.

"왜, 그렇게 생각해요?"

"현실은 어쨌든 마지막이 준비되어 있어. 그래서 죽은 인간이 살아 있는 인간과 직접 부딪친다는 건 절대 있을 수 없어. 있어서도 안 되고. 나도 미사코가 죽은 다음에 그런 것을 믿고 거기에 매달린 적이 있었어. 하지만 앨범에서 미사코의 사진을 보면서 상상해봤지. 만일 미사코가 살아서 마흔 살이 된다면 어떤 모습을 하고 있을까 하고."

"어땠어요?"

"상상이 가질 않더라고."

타쿠로는 슬픈 미소를 지었다.

"내 안의 미사코는 아무리 세월이 흘러도 나이를 먹지 않아. 그래서인지 상상이 가질 않아. 내가 줄곧 보아온 미사코 스토리는 이미 끝났다는 말이지. 결론적으로 미사코는 추억 이상의 존재는 될 수 없어."

"슬픈 말이네요."

"그래. 슬프지. 그렇다고 허구한 날 목 놓아 운다면 몸과 마음 모두 상처투성이가 될 뿐이야. 그래서 나는 이렇게 미키와 함께 있는 거야."

미키는 타쿠로의 어깨에 몸을 기댔다.

"미키는 미사코에 대한 죄책감 비슷한 게 있는지도 몰라. 거기에 치아키가 그린 시퍼런 얼굴의 여자가 겹쳐진 거지. 그런 것들이 미키를 힘들게 하는 거야. 하지만 내가 진짜 두려운 건……."

타쿠로는 그림을 그리는 치아키의 뒷모습을 흘깃 보고는 말했다.

"치아키한테는 미사코라는 스토리가 아직 끝나지 않았다는 생각이 드는 거야."

7

 아침 일찍 전화 벨이 울렸다. 밤샘을 하고 막 자려던 참이었다. 상대방 전화번호가 찍히는 디스플레이는 모르는 전화번호라고 알려주고 있다. 이상하다 생각하면서 수화기를 들었다.
 "아, 안녕하세요, 선생님."
 "쿠스노키 씨?"
 "예. 쿠스노키입니다. 오랜만입니다."
 8개월 만이다. 그의 목소리는 여전했다.
 "오랜만은 오랜만인데, 대체 어디 있었어요?"
 "그동안 연락을 못 드려 죄송합니다. 그런데 새로운 담당은 어때요?"
 놀리려는 기색은 전혀 없다. 그 점 또한 여전했다.
 "그건 그렇고, 어떻게 된 거예요? 모두들 걱정하던데."
 "예? 모두들이라뇨? 대체 누가? 나를 걱정? 정말이에요?"
 수화기 너머로 예의 저속한 웃음소리가 들려왔다. 오랜만에 듣는 웃음소리인데도 불쾌한 기분이 들었다.
 "정말 다들 걱정하고 있어요. 지금 농담할 때가 아니잖아요."
 "이거, 죄송하게 됐습니다. 내 걱정은 하지 않으셔도, 복에 겨워

하루하루를 행복하게 지내고 있습니다."

기가 차서 말도 나오지 않았다. 어디 가서 자살이나 한 건 아닌지 그렇게 걱정했는데, 그런 심정은 전혀 알아주지도 않는 태도다. 아무튼 잘살고 있는 모양이다.

"그런데 선생님, 요즘 제가 이상한 꿈을 자주 꾸거든요."

"꿈이라뇨? 쿠스노키 씨, 근데 지금 어디예요?"

"집이에요?"

"새로 이사한 집이에요? 어쨌든 한 번 만납시다."

"쉿."

"들려요."

"예?"

"들리면 곤란하니까, 목소리를 낮출게요."

그가 어떤 상황에 처해 있는지, 점점 더 쿠스노키가 걱정된다.

"돌아가신 부인, 미사코 씨가 말이죠. 내 꿈에 나타나요."

대화가 이상한 방향으로 틀어지고 있다. 반년도 넘게 연락도 없던 남자가 갑자기 전화를 하더니 난데없이 꿈 얘기다. 타쿠로가 우물쭈물하자 쿠스노키는 꿈 내용을 말하기 시작했다.

쿠스노키가 타쿠로의 다다미방에 앉아 있다. 대나무 그림이 그려진 창호지문이 닫혀 있다. 미사코의 불단에 향을 피우려고 하자 닫혀 있던 창호지문이 쓰윽 열린다. 거기엔 시퍼런 얼굴을 하고 눈을 감은 미사코가 서 있다. "안 그래도 지금 부인을 위해 향을 피우려는 참이었습니다."라고 쿠스노키가 말한다. 그러자 미사코가 갑자기 이를 드러내면서 눈을 떴는데, 창호지문이 '탁' 하고 닫힌다. 그렇다고 생각했는데, 다시 창호지문이 열리고 눈을 감은 시퍼런 얼굴의 미사코가 서 있다. 그러고는 다시 눈을 뜨고 이를 드러내면서, 다시 창호지문이 닫히고 만다.

그의 꿈속에서 이런 광경이 몇 번이고 되풀이된다고 했다.

"대체 무슨 꿈이지요?"

"오히려 내가 묻고 싶네요. 미사코 씨를 화나게 만든 일이라도 있나요? 바람 피웠어요? 아니면 재혼하셨든가."

"딸아이를 위해서도 엄마가 필요하잖아요."

"역시, 재혼하셨군요."

"그래요, 재혼했어요."

"선생님, 그게 원인이에요."

"무슨 말을 하는 겁니까! 단지 꿈일 뿐이잖아요. 그리고 미사코는 그런 여자가 아녜요."

"그러면, 대체 뭐란 말이지요?"

쿠스노키에게는 심각한 모양이다. 이 또한 치아키의 영향이라고 생각했다. 쿠스노키는 몇 번인가 치아키가 그린 시퍼런 얼굴을 본 적이 있다. 치아키는 스케치북에만 그림을 그리는 게 아니다. 그 그림을 본 사람의 기억에도 그림을 그려놓는다. 쿠스노키가 본 시퍼런 얼굴은 반년 이상이 지났어도 그의 뇌리에 깊게 박혀 있다.

요즘에는 치아키가 시퍼런 얼굴을 그리지 않아서 안심을 했는데, 그 영향이 타쿠로가 예상치 못한 엉뚱한 곳에서 지속되고 있는 것이다.

"선생님, 이건 심각한 문제예요. 제가 그쪽 계통 사람을 소개해 드릴까요? 엄청난 힘을 지닌 사람인데, 제가 잘 아는 분이에요."

"그쪽 계통이라뇨?"

"영혼의 원한을 씻어주거나 영혼과 소통하는, 뭐든지 가능한 분이죠."

"나보다는 쿠스노키 씨가 먼저 해보는 게 나을 것 같은데요."

"우헤헤헤헤헤!"

쿠스노키는 바보처럼 웃었다.

"난, 충분히 행복하기 때문에 필요 없어요."

모순된 말이다. 악몽에 시달리다 전화를 건 주제에 자신은 행복하다고 허세를 부리고 있다. 타쿠로가 걱정하는 건 아까부터 복이니 행복이니 하는 단어가 그의 입에서 자주 나온다는 점이다. 혹시 사이비 종교에 빠진 건 아닐까.

"듣고 보니, 쿠스노키 씨가 전에도 점술가를 알고 지낸다고 말한 것 같네요. 특별히 그런 사람들과 친밀하게 지내는 이유라도 있나요?"

"그렇지 않아요. 모두 한 사람을 말하는 겁니다. 영혼과 소통하고, 영혼을 불러들이고, 영혼의 원한을 씻어주고, 예언, 예지, 일기예보, 점치는 방법도 백 가지 이상, 하여튼 뭐든지 가능한 분이지요. 불로장생은 기본이고 심지어 자기는 죽지 않는다고 그러더군요."

실로 대단한 사람 같지만, 실로 수상쩍은 사람이기도 하다. 솔직히 말하자면 사기꾼이다. 하지만 믿고 있는 사람에게는 신과 같은 존재겠지.

"그분에게 맡기면 즉각 해결됩니다."

"이봐요. 쿠스노키 씨. 내가 백보 양보한다 치고, 미사코가 화가 났다면 제일 먼저 내 꿈에 나타나야 하잖아요. 뭣 때문에 쿠스노키 씨 꿈에 나타난답니까?"

"잘은 모르겠어요. 하지만 매일 꿈에서 본다면 뭔가 징조를 알려주는 게 아닐까요?"

의미심장한 말이다. 하지만 슬슬 부아가 치밀어 오른다.

"저는 선생님이 걱정돼서 전화한 거예요. 미사코 씨는 누군가를 원망하는 듯한 눈을 하고 있었어요. 제 생각에는 재혼하신 부인에 대한 원망 같아요. 미사코 씨를 버려두고 자기네들만 행복하기 때문이겠죠."

타쿠로는 전화를 끊어버릴까 생각했다. 타인을 불쾌하게 만드는 말을 뻔뻔스럽게 내뱉는 저 무례함. 정말 사람을 질리게 한다.

"들리면 곤란하니까 이만 끊습니다. 조심하시기 바랍니다."

"자, 잠깐만요."

"며칠 내로 미사코 씨가 그쪽으로 갈 것 같은 예감이 듭니다."

그 말을 마지막으로 쿠스노키는 제멋대로 전화를 끊었다. 쿠스노키는 집에서 전화를 한다고 했지만, 집 밖이 확실했다. 전화하는 내내 자갈을 밟는 듯한 소리, 그리고 가끔은 까마귀 우는 소리가 들렸다. 그 외의 소리는 없었다. 바깥에서 전화를 건 것은 확실했지만 의외로 조용한 장소 같았다.

그런 곳에서 대체 누구에게 들린다고 경계를 한 것일까. 타쿠로는 수화기를 내려놓고 거실로 돌아왔다. 무슨 일이 있냐고 묻는 미키에게 "아무것도 아냐."라고 대답하자마자 타쿠로는 쓰러졌다.

"걱정 끼쳐서 미안해, 미키."

병실의 하얀 침대 위에서 타쿠로가 미키에게 말했다. 미키는 몸을 일으키려는 그를 말리고 이불을 고쳐 덮어준다.

"미야기 씨한테도 연락했어요. 한동안 안정을 취하는 게 좋겠어요. 깜짝 놀랐어요."

수면 부족, 눈의 피로에서 오는 어지럼증이 원인이라고 했다. 키보드 앞에서 이틀 동안 밤을 샌 적도 있다. 제대로 영양을 섭취하지 못한 탓도 있으리라.

"치아키는?"

"유치원에 연락했어요. 조금 있다 제가 차로 데려다줄 거예요."

"미키도 피곤할 텐데, 미안해."

미키는 웃으면서 고개를 옆으로 흔든다.

"언제 퇴원할 수 있대? 뭐 다른 검사를 해야 하는 건 아니지?"

"의사가 이삼일은 상태를 봐야 한대요."

"오늘 퇴원하는 거 아니고?"

"쓰러진 원인은 극심한 피로 때문이지만, 지금까지 쓰러지지 않았던 게 오히려 이상하다고 하던데요."

타쿠로는 자신보다도 미키가 걱정이었다. 미키의 안색은 처음 만났을 때와는 전혀 판판이었다. 그녀야말로 입원해야 하지 않을까 싶을 만큼 수척하다.

"쓰러질 때 머리도 부딪쳤고, 걱정할 정도는 아니지만 만일을 위해 조금 더 상태를 봐야 한대요. 잠시 쉰다고 생각하면 되잖아요."

"걱정이네. 후딱 끝나고 집에 갈 줄 알았는데."

"그래도 제대로 검사를 받는 게 나아요."

미키는 자신이 앉아 있던 접이식 의자를 접어놓고 코트를 입었다.

"가려고?"

"치아키를 유치원에 데려다줘야 해요."

"오늘 중으로 퇴원하면 안 될까?"

이틀이든 사흘이든 치아키와 미키, 두 사람만 있는 게 걱정이 되었다. 치아키는 요즘 많이 얌전해졌지만, 그렇다고 미키에게 마음을 열 기미는 보이지 않는다. 오히려 너무 조용한 게 신경이 쓰였다.

"선생님, 병원을 싫어해요?"

"병원 좋아하는 사람이 어디 있어. 내 말은 그게 아니라……."

미키는 고개를 끄덕이며 "알았어요."라고 말한다.

그러고는 커다란 검정 백을 침대 옆에 놔두었다.

"속옷 넣어두었어요."

"조심해서 가."

미키는 고개를 끄덕인다.

"치아키한테는 밤에 내가 집에 없는 게 처음이야."

"걱정하지 마세요."

미키는 살짝 웃더니 병실을 나갔다.

그게 아니었다. 타쿠로의 머릿속에 쿠스노키가 한 말이 떠올랐다.

"며칠 내로 미사코 씨가 그쪽으로 갈 것 같은 예감이 듭니다."

그쪽은 대체 어느 쪽을 말하는 거지.

거울에 비친 자신의 얼굴. 움푹 들어간 눈자위. 앙상하게 튀어나온 광대뼈. 윤기가 사라진 피부. 미키는 두 손으로 얼굴을 감쌌다. 갈수록 얼굴이 변한다. 거실 소파에서 아이처럼 무릎을 오그려 감싼다.

또 그 꿈을 꾸게 되진 않을지. 그 오싹한 시선. 오늘 밤에는 타쿠로도 없다. 미사코는 얼씨구나 하고, 그녀의 침대로 쳐들어올 것이다. 오늘 밤은 자지 말아야지. 치아키는 자기 방에 틀어박혀 그림을 그리고 있겠지. 마치 집 안에 그녀 혼자만 있는 것 같은 적막함이 감돈다.

벽에 걸린 시계는 오후 5시를 막 넘기고 있다. 저녁식사를 준비할 시간이다. 그 전에 할 일이 있다. 다다미방에 있는 미사코 씨의 불단에 아침과 저녁, 그리고 취침 전에 향을 피워야 한다. 그리 탐탁지는 않지만, 다다미방에 가려고 소파에서 일어났다.

정성껏 빌지 않으면 오늘 밤에 미사코 씨가 모습을 나타낼지도 모른다. 끔찍한 일이다. 그런 생각을 하면서 미키는 창호지문을 열고 전깃불 스위치를 켰다. 금방 이상한 기운이 느껴졌다. 미사코 씨의 불단이 황금색으로 빛나고 있다. 불단의 받침대를 비롯해 불단을 받치는 조그만 기둥, 그리고 불단 안의 창호지에도 금박이 발려 있기 때문이다.

"이게 뭐지……."

종이를 접어 풀로 붙여놓았다. 손가락으로 만져보니 빈틈없이 붙어 있다. 영정 대신에 두꺼운 종이를 둥글게 오려 파고 거기에 얼굴 시퍼런 여자 그림을 붙여놓았다. 그 얼굴을 둘러싸듯 점토로 만든 사람 형태의 조각이 몇 개 놓여 있다.

점토 조각은 치아키가 자주 그리는 무서운 유령과 닮았다. 미키는 두려움에 떨었다. 장난이 아니다. 치아키는 어떤 의식을 치르고 있다. 타쿠로가 없는 사이를 틈타 전에는 비둘기 시체를 이용

해서 의식을 치렀다. 이번에도 무시무시한 의식을 치르려고 한다. 황금빛 불단, 그리고 무서운 점토 조각. 신을 모시는 제단, 미키는 그런 느낌이 들었다.

무서운 기세로 계단을 내려오는 발소리가 들린다.

오고 있다.

치아키가 오고 있다.

치아키가 지금, 이 방으로 오고 있다. 그 시퍼런 얼굴의 여자와 함께.

미키는 붙박이장에 몸을 숨겼다. 자신이 무슨 짓을 하는지도 모를 지경이다. 그래도 본능은 몸을 숨기라고 재촉하고 있다. 이불을 구석에 밀치고 몸을 최대한 움츠렸다. 그리고 붙박이장의 문을 닫았다.

발소리가 복도를 지나 방으로 다가오고 있다. 문이 열리는 소리가 났다. 다다미를 밟는 소리가 들린다. 티깍, 하는 소리와 동시에 붙박이장에 약하게 스며들던 빛이 사라졌다. 치아키가 방의 전등을 껐기 때문이다.

자신이 어디에 있는지도 모를 정도로 새까만 어둠 속. 치아키의 손이 전기 스위치에 닿을 정도로 치아키의 키가 컸던가. 발소리가 한 사람이 아닌 두 사람 게 아니었던가. 망상이 어둠 속의 그녀에게 칙칙 달라붙는다.

살짝, 붙박이장 틈새로 실내를 엿보았다. 오렌지색 빛이 보인다.

황금색 불단 위에는 촛불이 하나 켜져 있다. 황금색 불단이 촛불의 빛을 반사하고 있다. 그 때문에 실내가 으스스한 분위기로 가득 찬다.

촛불이 흔들렸나. 아니면 무언가 움직였나. 벽면에 사람이라고는 생각할 수 없는 그림자가 춤춘다. 미키는 머리를 감싸고 쪼그려 앉아 있다. 붙박이장 안에 가득 찬 어둠이 그녀의 몸마저 묻어버리려고 한다. 이럴 때 생각하지 말아야 할 사념이 환상이 되어 어둠이라는 캔버스에 그려지고 있다.

좁고 긴 파란색. 그것이 점차 얼굴로 변한다. 얼굴에는 먹물이 흘러내린 듯 앞머리칼이 늘어뜨려져 있다. 예의 그 시퍼런 얼굴이다. 미키의 망상을 먹고 자란 여자의 얼굴이 곧장 미키에게 다가온다. 일말의 자비심도 없다. 이대로 그녀를 미치게 만들 작정이다.

"엄마, 내 말 들어봐."

치아키의 목소리다. 미키는 문에 귀를 갖다 댔다. 드디어 치아키의 엄마가 왔다. 치아키는 의식에 성공했고 타쿠로가 없는 오늘 밤 미사코를 불러들였다. 목적은 미키를 어떻게든 처치하려는 것이리라.

"엄마, 뭐 해?"

치아키가 어떤 모습의 엄마와 대화를 나누는지 생각하기도 싫다.

"찾고 있어? 치아키도 그래."

치아키와 엄마는 미키를 찾고 있다. 미키는 마음속으로 몇 번이나 살려달라고 기도했다.

"빨리 일어나, 엄마."

코를 훌쩍거리는 소리가 난다.

"'땡땡' 하고, '나무아미'라고 말하면, 엄마가 '잘 잤니?' 하고 아침 인사를 해줘야지. 왜 아직 자고 있어?"

딸꾹질 같은 소리가 들린다. 치아키가 울고 있는 모양이다. 미키는 뭔가 이상하다고 느꼈다.

"빨리 '잘 잤니?'라고 말해줘, 혼자는 싫어, 집에 있기 싫어."

사태가 이상하게 돌아가고 있다. '엄마 자리를 빼앗으려는 미키를 어떻게 하면 미치게 만들 수 있을까'하고 제 엄마하고 속닥거리려는 게 아니었나.

"엄마 방에도 들어갔어. 치아키, 나쁜 짓을 했어. 나쁜 아이야."

치아키는 '으앙'하고 크게 운다.

– 내가 잘못 생각했나?

미키의 마음속에서 공포라는 모래성이 스르륵 무너져 내린다. 자신이 큰 실수를 했다는 생각이 들었다. 엄마로서 자격이 없다. 치아키는 아직 어린아이일 뿐인데. 엄마가 보고 싶어서, 엄마가 돌아오기만을 기다리고 있는 어린아이다. 그런데도 자신은 치아키를 두려워했고, 미사코도 악령으로 치부했다. 치아키는 자기 마음을 터놓고 말할 상대가 없는 것이다.

"'땡땡'도 더 많이 하고, '나무아미'도 더 많이 할 테니까."

불단 옆의 작은 종이 몇 번이나 울렸다. 두 손을 비비는 소리도 난다. 필사적으로 기도하는 모양이다. 저 의식은 치아키의 강한 바람을 나타내는 상징이다. 어린아이이기에 기이한 말을 하고, 기이한 것을 생각한다. 어른이 생각하는 세계보다 훨씬 무한한 세계를 지니고 있기 때문이다. 그렇기에 죽은 사람이 돌아온다고 정말로 믿고 있다. 죽으면 없어진다는 사실을 상상조차 못한다. 치아키에게는 사람이 이 세상에서 사라진다는 사실이 오히려 더 비현실적인지도 모른다.

지금까지 치아키의 행동은 엄마가 돌아온다는 믿음 아래 이루어졌다. 그런데 아무리 기다려도 엄마는 돌아오지 않는다. 일부러 타쿠로에게 반발하고, 유치원에서 아이들을 무섭게 하면서 엄마가 자신을 야단치러 돌아오기를 내심 기다려왔다.

황금색 불단도 마찬가지다. 엄마에게 보여주고 싶은 것이다. 하지만 미키 자신은 마치 악령을 불러들이는 의식으로만 바라보았다. 나쁜 것은 모두 미사코의 탓으로 간주해온 자기 자신이 지금 여기에 있다. 죽은 자의 영혼이나 저주를 믿어서는 안 되는 어른이, 이미 이 세상에 존재하지 않는 인간에게 모든 재난의 원인을 덮어씌우고 말았다.

미키는 붙박이장의 문을 열었다. 치아키가 금박을 바른 불단 앞에 앉은 채 의아한 눈길로 미키를 바라봤다.

"미안, 치아키. 사실은 다 봤어. 이젠 이해해. 이해하고 말고."

미키는 붙박이장 안에서 사과하고 눈물을 흘렸다. 코가 막히면서 말문도 막힌다. 치아키는 팔로 눈가를 쓰윽 문지르더니 도망치듯 방을 빠져나간다.

"금방 저녁 준비할게."

대답은 없었다. 발소리만 멀어져갔다. 미키는 불단 앞에 정좌했다. 영정은 다시 제자리에 놓여 있었다. 대신 시퍼런 얼굴의 그림이 다다미 위에 놓여 있다.

"부탁입니다."

영정 속의 미사코를 바라보면서 미키는 합장한다.

"나도 엄마라는 소릴 듣고 싶어요. 미사코 씨, 치아키를 당신한테서 빼앗으려고 한 적은 없어요. 이젠 엄마라는 소리를, 나한테 양보해주세요."

제멋대로의 부탁이었건만 허락을 받았다는 느낌이 들었다. 그 증거로 다다미 위에 놓여 있던 시퍼런 얼굴의 여자가 전혀 무섭게 느껴지지 않았다.

타쿠로는 병원 침대 위에서 텔레비전을 보다가 배가 고팠다. 잠잘 시간이 이미 지났지만 자는 사람은 아무도 없다. 모두 이어폰을 귀에 끼고 유일한 오락인 텔레비전에 빠져 있다. 네 명이 침대를 나란히 하고 있는 커튼 너머로 텔레비전 불빛만 새나오고 있다.

광고에 나오는 스테이크를 보자 드디어 배에서 꼬르륵 소리가 났다. 병원 식사로는 부족했다. 미키가 해준 요리가 그리워진다.

뉴스가 시작되고, 낯이 익은 영상이 흐른다. 바로 이 병원이다. 어느 빌딩 옥상에서 이 병원을 비추고 있다. 영상은 주택가, 상점가, 타쿠로의 집 근처에 있는 오르막길로 바뀐다. 영상마다 땅바닥에 놓인 꽃다발을 비추고 있다.

타쿠로가 사는 동네에서 연속적으로 늘어만 가는 노인 혹은 노숙자의 자살. 오늘이 그 특집인 모양이다. 이 동네가 혐오스러운 뉴스로 유명해졌다. 무직, 주소 불명인 사람들의 이름이 나오고, 그 가운데 사토나카의 이름도 끼어 있다. 뉴스 앵커가 무표정한 얼굴로 명복을 빈다.

갑자기 하얀 빛이 방에 찼다. 누군가 병실의 전깃불을 켰나 보다. 이어폰을 귀에서 빼니 서로 고함을 지르는 소리가 들려왔다. 환자 두 명이 말다툼을 하고 있다. 간호사가 들어와 간신히 뜯어말린다. 두 사람 모두 60대 후반으로 보인다. 싸우는 모습을 보니 도대체 왜 입원했는지 모를 정도로 힘이 넘친다.

"무슨 일인데요?"

옆 침대에서 그 광경을 조용히 바라보던 노인에게 물었다.

"별거 아냐."

노인은 어디서 꺼냈는지 감으로 만든 과자를 오도독 깨물어 먹는다. 싸움을 말리는 간호사에게 들키지 않게 타쿠로에게도 몰래 과자 봉투를 건넨다.

"배고프지? 이거 먹어. 난 이가 안 좋아서 많이 못 먹거든."

타쿠로는 사양하지 않았다. 배가 고픈 참이라 감 과자도 맛있게 느껴진다.

"봤다, 못 봤다, 웃기지도 않아."

노인은 입에 담기도 싫은 듯 말했다.

"무슨 말씀이세요?"

"사흘 전에 여기서 자살한 놈이 있거든."

노인은 자기 목에 손을 대더니 혀를 내밀었다.

"이 병원에서요?"

"응. 특별한 사건도 아냐. 자주 있거든. 이 병원에서. 내일 퇴원한다는 놈이 화장실에서 목을 매지 않나."

금시초문이었다. 타쿠로는 당장이라도 퇴원하고 싶었다.

"죽은 놈이 자살하기 전날 회복실에서, 강에서 사신死神을 만났다고 떠벌렸거든."

어느새 고함치는 소리는 그쳤지만, 두 노인은 간호사를 사이에 두고 아직도 서로 노려보고 있다.

"저 두 사람도 서로 나는 봤다, 거짓말하지 마, 그러다가 싸운 거야."

"봤다면, 사신 말입니까?"

"저 사람들이 말하는 건 하루오라는 놈이야."

"하루오?"

"죽은 지 20년도 더 된 놈의 별명이야. 어, 이젠 끝났나봐."

싸움은 벌써 끝났고, 두 사람은 서로 커튼을 친 채 텔레비전을 보고 있다. 간호사는 방을 어둡게 하고는 병실을 나갔다.

타쿠로는 침대를 둘러싼 바깥쪽 커튼을 쳐서 노인과 둘만의 공간을 만들었다. 텔레비전 불빛만으로도 충분히 서로의 얼굴을 볼 수 있다. 노인은 침대 위에서 책상다리를 하고 앉아 있다.

"어째서 하루오라는 사람의 별명이 사신이에요?"

"흥미가 당겨?"

"실은 글쟁이라 그런 얘기에 흥미가 많거든요."

"호, 그래, 작가 선생이로구먼."

어차피 이 시간에는 재미있는 텔레비전 프로그램도 없다. 시간도 때울 겸 노인의 이야기를 듣는 편이 나을 것 같았다.

"이젠 옛날얘기지만 하루오는 이 근처에서는 유명했어. 종이 박스에서 먹고 자면서 종이 연극인가 뭔가를 만들어서 누더기 차림으로 공원을 어슬렁거렸지. 돈도 안 되는데, 자신이 직접 그린 종이 연극을 애들한테 보여주겠다고 했어."

노숙자가 그린 종이 연극을 누가 보겠는가. 차라리 빈 깡통이나 주우면 돈이 될 텐데.

"동네 사람들도 그를 피해 다녔어. 당장이라도 쓰러져 죽을 것같이 초췌한 남자가 해골이 그려진 그림을 보여주면서 돌아다녔으니 말야."

"해골 종이 연극이라, 특이하네요."

"난 알고 있었어. 하루오가 황금박쥐를 흉내 낸다는 것을. 만화 영화 황금박쥐라고 알아?"

"이름은 들어본 적 있어요."

"황금박쥐는 정의의 사도야. 황금 망토를 입기 때문에 번쩍번쩍 황금빛이 나야 하는데, 그 놈이 그리면 음울한 색이 되고 말아. 그놈한테는 그림에 대한 감각이 전혀 없었어."

노인은 마른 기침을 한 차례 하더니 티슈로 입을 닦아낸다.

"해골 비슷한 얼굴을 한 남자가 해골 그림을 보여주면서 돌아다닌 거지. 그래서 사신이라는 별명이 붙었어."

"돌아가셨다고 했지요?"

"저 앞에 흐르는 강 있잖아, 더러운 강. 거기 다리에서 목매달아 죽었어."

"혹시 그 다리 이름 아세요?"

"거기까지는 나도 몰라. 근데 그놈다운 죽음이었어. 죽고 난 뒤에 동네 아이들이 하루오의 유령을 봤네, 안 봤네 하며 소동이 있었지. 지금도 마찬가지야. 20년이나 지났는데 나잇살이나 먹었다는 사람들이 하루오의 유령을 봤네, 안 봤네 하면서 아직까지 싸움질이나 하고 있으니."

노인은 틀니를 드러내며 히식히식 웃는다.

"난 유령은 안 믿어도, 이 동네에 뭔가 있다는 생각이 들어."

"뭔가 있다니요, 뭐가요?"

"잘 몰라. 그런 애매한 말을 정리하는 건 작가 선생이 해줘야지. 동네 한가운데를 가로질러 시꺼먼 강이 흐른다는 건 예삿일이 아냐."

벽에 걸린 시계를 바라보니 11시를 지나 30분이나 흘러 있다. 오늘도 치아키는 산책을 가자고 졸랐을까. 미키를 졸라 산책을 가자고 했을까.

"혹시, 공중전화가 어디에 있는지 아세요?"

"1층 수납 창구 옆에 있어. 이 시간에 갑자기 왜?"

"집에 걸려고요. 네 살 난 딸아이가 있는데 걱정이 돼서요."

"그래, 하루오한테도 그만한 나이의 딸이 있었다고 들었는데."

사신에게도 딸이 있었다. 왠지 괴로운 스토리가 될 것 같다. 딸은 자신의 아버지가 사신으로 불리며 사람들의 혐오 대상이었다는 사실을 알고 있었을까.

노인의 이야기를 더 듣고 싶었지만, 지금은 그저 치아키와 미키의 목소리가 더 듣고 싶었다. 타쿠로는 노인에게 고맙다고 예를 표하고 조용히 병실을 나왔다.

알람이 울려 잠이 깼다. 저녁을 먹고 거실 소파에서 끄덕끄덕 졸다가 나도 모르게 잠이 들었나 보다. 알람을 끄고, 몇 시인지 확인해본다.

밤 11시.

거실에는 적막이 감돌고 있다. 평소에는 밤 11시 땡이면 치아키가 계단에서 내려온다. 하지만 타쿠로가 없는 오늘 밤은 치아키도 산책 가자고 할 것 같지 않다. 미키는 다시 소파에 누웠다. 그 미키의 얼굴을 치아키가 바로 옆에서 내려다보고 있다.

"치, 치아키, 잘 잤니?"

놀라지 않았다는 몸짓을 해보이며 미키는 몸을 일으킨다.

"아침 아냐. 밤이야."

"무슨 일인데?"

"산책 가자."

치아키는 미키의 손을 잡아끈다.

"어어, 그, 그래. 가자."

치아키가 스스로 미키를 잡아끌고 산책을 가자고 말하고 있다. 기다리게 해서는 안 된다.

간단하게 옷을 입고 외출할 준비를 했다. 치아키는 벌써 준비를 끝냈다. 유치원에 갈 때 메고 가는 노란 가방을 어깨에 메고 현관에 서 있다. 현관문을 열자마자 치아키가 날듯이 뛰어나간다.

"같이 가. 치아키!"

현관문을 잠그고 치아키를 따라간다. 치아키는 미키를 리드하듯이 늘 다니던 길을 달리다가 뒤돌아보고, 또 달리다가 뒤돌아보는 동작을 반복했다. 그리고 무슨 까닭인지 도중에 주차장으로 돌아가 타쿠로의 차 옆에 섰다.

"차 타고 싶어?"

"응."

"어디 가려고?"

치아키는 고개를 갸웃했다. 아무튼 자동차로 가는 게 편할 것 같다.

뒷좌석에서 치아키가 콧노래를 부르고 있다. 가끔 듣는, 오싹하고 어긋난 음정이 섞인 콧노래다. 미키는 그 콧노래가 싫지만, 치아키의 기분이 오늘따라 아주 좋아 보여 참기로 했다. 아니면 밤 산책을 할 때면 늘 기분이 좋은 걸까. 치아키가 내게 산책을 가자고 말했다. 기쁜 일이다. 불과 몇 시간 전만 해도 치아키를 두려워하며 붙박이장에 숨었던 사실이 지금은 바보처럼 여겨진다.

치아키와 자신 사이에 벌어진 틈을 오늘 밤에라도 메울 수 있다고 생각하니 미키도 절로 콧노래가 나온다. 흥겨운 콧노래와 절망적인 톤의 콧노래가 섞이니 우스꽝스러웠다.

"치아키, 어디 가고 싶은데? 내일 유치원 가야 하니까 멀리는 못 가."

"똑바로."

"똑바로, 오케이."

특별한 목적지도 없는 터라 미키는 일단 치아키가 말한 대로 차를 몰았다.

"아, 저기."

미키는 자동차를 도로변에 세웠다.

"여기? 여기서부터 걸어가려고?"

룸 미러 너머로 바라보니 치아키는 바깥의 무언가를 올려다보고 있다.

"육교?"

"응, 육교."

치아키는 그림을 그리려는 게 아니다. 이 장소를 만족스럽다는 표정으로 바라보고 있을 뿐이다. 미키는 육교 계단 아래에 꽃다발이 놓여 있는 것을 보지 않으려고 애썼다. 5분이 지나자 치아키는 생각났다는 듯 손을 '탁' 하고 쳤다.

"왔다."

치아키가 차 문을 열었다. 찬 바람이 차 안으로 들어오면서 차가 흔들거렸다. 곧이어 차 문을 닫고 다시 손을 '탁' 하고 쳤다.

"됐어."

"그럼, 갈까?"

"저기에서 오른쪽."

"오른쪽?"

치아키는 아직 어디론가 가고 싶은 모양이다. 어쨌든 치아키가 만족할 때까지 따라주는 수밖에 없다.

"조금만 더 똑바로.", "저기에서 왼쪽.", "저길 돌아.", "다시 돌아가.", "아직 똑바로."

치아키의 말대로 가다보니 자동차는 점점 인적이 드문 장소로 향하고 있다. 어디로 가는지 미키는 불안했다.

"여기야."

미키는 브레이크를 밟았다. 자신이 어디에 와 있는지도 몰랐다. 흡사 치아키에게 조종당한 것처럼 아무런 의심도 없이 이런 곳까지 오고 말았다. 헤드라이트에 비치는 몇 개의 네모난 그림자.

묘지였다.

이곳에는 타쿠로의 부인이었던 미사코가 잠들어 있다. 교외에 위치한 묘지다. 몇 번인가 타쿠로와 함께 꽃을 들고 온 적이 있다.

"기히히히히히히!"

치아키가 괴성을 지르며 차에서 내리더니 묘지가 있는 곳으로 뛰어갔다. 그 직후 자동차가 덜컥거리며 크게 흔들렸다. 치아키는 순식간에 묘지가 있는 곳으로 사라졌다.

"치아키! 안 돼! 돌아와!"

자동차 헤드라이트가 심해를 비추는 잠수함의 서치라이트처럼 칠흑 같은 어둠의 일부분을 비추고 있다. 치아키의 모습은 벌써 보이지 않았다. 넘어져서 묘석에라도 부딪치면 큰일이다. 미키는 제정신이 아니었다. 큰 소리로 치아키를 불러댔다. 그 소리마저도 점액처럼 끈끈하게 퍼져 있는 어둠이 쓸어가버리고 말았다.

미키는 자동차로 돌아가 대시보드 안에서 손전등을 꺼냈다. 불빛은 약하지만 없는 것보다는 낫다. 손전등이 다급한 걸음걸이 때문에 위아래로 맥없이 흔들린다. 그럴 때마다 묘지의 그림자가 검은 유령들의 행진처럼 보인다.

빛이 그리는 원이 묘비에 새겨진 죽은 사람의 이름을 어둠 속에 희미하게 드러낸다. 치아키의 이름을 부른다. 귀를 세워봐도 개미 한 마리 지나가는 소리도 없다. 갑자기 휴대폰이 울렸다. 화면에 '공중전화'라고 뜬다. 미키는 무서워하면서 휴대폰을 귀에 대본다.

"여보세요, 미키?"

"선생님, 어디세요?"

타쿠로는 병원 로비에 있다. 불빛은 녹색의 비상구 표시뿐이다. 전화 저편에서 들려오는 미키의 목소리가 병원 로비에 어슴푸레 울린다.

"병원이야. 잔돈이 없어서 오래 통화는 못 해. 밤 산책은 어떻게 됐어?"

"치아키가 가자고 해서 따라 나왔는데, 지금 미사코 씨의 묘지에 와 있어요."

미키는 침착하게 상황을 설명하려고 호흡을 가다듬고 말했다.

"묘지라니, 치아키가 가고 싶다고 말한 거야?"

"치아키가 가리키는 대로 차를 몰았더니 여기더라고요."

"말도 안 돼. 치아키가 길을 알 리가 없어."

타쿠로는 가슴 밑바닥에서 먹구름처럼 나쁜 예감이 치미는 것을 느꼈다.

"미키, 혹시 무슨 일 안 생겼어?"

쿠스노키의 말은 틀렸다. 미사코가 간다고 했지만, 아니다. 불러들였다.

"저, 괜찮아요. 안 무서워요. 설마 귀신이 나오겠어요?"

"정말 괜찮아?"

"그럼요. 선생님이야말로 침착하세요. 그보다 치아키한테 무슨 일이 생길까봐. 급해요. 치아키를 찾으러 가야 해요."

전화가 일방적으로 끊겼다. 미키에게 무슨 일이 생긴 걸까. 왠지 그녀가 강해진 것 같다. 타쿠로는 슬리퍼 차림으로 다급히 병원을 나섰다.

운전사는 룸 미러 너머로 흘끔흘끔 타쿠로를 바라본다. 기분이 찝찝하다. 병원에서 환자복에 슬리퍼 차림으로 나와서는 택시에 올라타더니, 다짜고짜 묘지로 가자고 한다. 운전사는 타쿠로에게 행선지를 듣고는 한마디 대꾸도 없이 라디오의 볼륨을 한껏 올렸다. 묘지에 도착해서 타쿠로를 내려놓은 운전사는 도망치듯 오던 길로 차를 몰았다.

묘지 옆에 있는 주차장에는 타쿠로의 자동차가 주차되어 있다.

시동이 걸린 채, 운전석에는 아무도 없다. 치아키와 미키의 이름을 번갈아 부르면서 그는 묘지가 있는 방향으로 걸어갔다. 조그맣고 노란 불빛이 보였다. 그 불빛을 따라가보니 미키가 엎어져 있다. 불빛은 옆에 뒹굴고 있는 손전등에서 나오고 있다.

"미키!"

타쿠로가 안아 일으키자 갑자기 그녀가 번쩍 눈을 떴다. 그리고 타쿠로의 얼굴을 보자마자 덜덜덜 몸을 떨기 시작했다.

"미키, 어떻게 된 일이야! 치아키는?"

불과 30분 새에 무슨 일이 있었을까. 수화기 너머로 강한 의지를 내비쳤던 미키가 마치 다른 사람처럼 변해 있었다. 눈을 멍하니 뜨고 허공을 바라보는 그녀는 입술은 움직이는데 말이 나오지 않았다. 그는 미키를 간신히 일으켜 질질 끌듯이 자동차까지 데려갔다.

뒷좌석 문을 열자 갑자기 미키가 그의 손을 뿌리치고 허공을 향한 채 비명을 질러댔다. 뒷좌석에는 치아키가 얌전한 자세로 앉아 있었다. 등을 곧추세우고 얼굴은 똑바로 앞을 향한 자세로.

"미키, 치아키 여기 있네. 정신 차려, 여기 있다니까!"

무표정하게 앞만 바라보는 있는 치아키를 보고 미키는 마치 유령이라도 본 듯 공포에 벌벌 떨었다. 그리고는 그녀의 입에서는 더 이상 말이 나오지 않았다.

8

 결국, 타쿠로는 다음 날 퇴원했다. 이대로 미키와 치아키 두 사람만 놔둘 수가 없다. 미키는 어젯밤부터 한마디도 하지 않은 채 타쿠로의 서재 소파에 앉아서 침묵만 지키고 있다. 무엇을 물어도 대답하지 않고, 갑자기 생각난 듯이 눈동자를 번득거리며 주위를 둘러보곤 한다.
 치아키는 유치원에서 돌아오면 미키의 상태가 재미있다는 듯 엿보러온다. 그러고는 무서워서 타쿠로에게 찰싹 들러붙는 미키를 바라보며 희미한 웃음을 짓는다. 타쿠로는 두 사람 모두 심각한 병에 걸렸다고 생각하지 않을 수 없다. 특히 치아키에 관해서는 후회를 했다. 진작 조치를 취했어야 했다.
 지금 가장 힘든 사람은 미키다. 너무나 미안한 마음이지만, 지금의 미키는 타쿠로의 사과를 들어줄 상태도 아니다.
 묘지에서 대체 무슨 일이 있었을까. 궁금하기 짝이 없지만 물어볼 수도 없다. 만일 물어본다면 미키는 어젯밤에 일어난 일을 떠올리고는 턱이 떨어져 나갈 만큼 비명을 질러댈 것이다. 여신에 버금간다고 여겼던 미키의 얼굴이 뭉크의 '절규'를 연상시키는 얼굴로 변하는 모습을 어젯밤에 직접 목격했기 때문이다.

정신이 제자리로 돌아올 때까지는 미키를 타쿠로의 서재에 격리시켜야만 한다. 그런고로 오늘부터 당분간 타쿠로가 직접 가족의 식사 준비를 해야 한다.

"장 보고 올게. 방문을 잠그고 갈 테니까. 열지 마."

두려움에 떨고 있는 미키를 혼자 놔두고 가려니 걱정이 태산 같다. 치아키에게서 나쁜 의도가 느껴지는 만큼 미키에게 무슨 짓을 할지 알 수 없다. 그는 방을 나서면서 문을 잠갔다. 마치 사람을 감금하는 듯한 묘한 느낌이 든다. 타쿠로는 신발장 위에 놓여 있는 자동차 키를 들고 현관문을 연다.

"지금 나가는 길이야?"

문 밖에서 소리가 들렸다. 손위 처남인 쇼이치가 서 있다.

"입원했다고 들었는데, 병원에 가봤더니 벌써 퇴원했다고 해서. 마누라 보려고 빨리 집에 오고 싶었나 보지. 자, 여기 병문안 선물 받아."

쇼이치는 과일이 든 상자를 타쿠로에게 내밀었다.

"바쁘면 나중에 다시 들를까?"

"아녜요. 역 앞 슈퍼마켓에 가려던 참이었어요."

"엉? 벌써 마누라 엉덩이에 깔려 사는 거야?"

타쿠로가 복잡한 표정을 짓자 쇼이치는 의아한 듯 눈썹을 치켜떴다.

저녁 식탁에는 초밥과 맥주가 놓여 있다. 갑작스런 방문자 때문에 저녁 식사는 결국 배달로 때우게 되었다. 치아키는 초밥을 좋아하지 않아 달걀말이만 먹고 있다. 미키는 한 술도 뜨지 않았다.

"뭐라도 먹지 않으면 위가 많이 상해요. 다이어트 안 해도 될 만큼 많이 말랐는데요, 뭘."

쇼이치는 미키를 위하는 척 말하면서 자기는 맛있는 초밥만 골라 먹는다. 쇼이치의 그런 무덤덤함이 타쿠로는 싫지 않았다.

"치아키도 많이 먹어야지. 안 그러면 외삼촌이 다 먹어버린다."

쇼이치가 얼굴을 바싹 들이대니 치아키는 그를 피하듯 스케치북을 들고 2층으로 올라가버린다.

"아직, 미사코가 성불하지 않은 모양이네."

쇼이치가 조용히 말했다.

"갑자기, 무슨 말이에요, 그게?"

"아냐, 미안, 미안. 그런 의미는 아니고. 이 집에는 아직 미사코를 생각나게 하는 게 많아. 냉장고에 붙여놓은 메모도 그렇고. 저건 미사코의 버릇이잖아. 커튼 색깔도 미사코가 좋아하던 회색이네. 이 집에는 미사코의 그림자가 너무 많이 남아 있어."

"하루아침에 없앨 수도 없잖아요."

쇼이치는 타쿠로의 손을 보더니 눈을 동그랗게 뜬다.

"그거 미사코와 결혼했을 때의 결혼반지 아냐?"

타쿠로는 거베라 꽃 장식이 새겨진 결혼반지를 손으로 살짝 문지른다.

"예, 미키가 계속 끼고 있어도 상관없다고 해서……."

"역시 그랬군. 어쩐지 미사코가 살아 있을 때와 똑같더라. 아냐, 나쁜 의미는 아니고. 미사코의 오빠인 나야 좋지. 하지만 그림자가 너무 많으면 가족이 고인한테서 빠져나올 수 없는 경우가 있어. 치아키뿐만 아니고 자네나 부인도 마찬가지야."

미키는 자기 얘기를 하는데도 반응이 없다. 가만히 앉은 채 가끔 찻잔을 입으로 가져갈 뿐이다.

"사정은 이해하지만, 가장 문제는 역시 치아키야. 치아키는 다른 아이들과 많이 달라. 그 아이가 그린 그림을 보고 솔직히 나도 으스스하더라고. 조금 이상한 아이라고 생각했어. 그 점만 빼면 다른 아이들과 다를 바는 없지만. 뭐더라, 아스……."

"아스퍼거 증후군요?"

"응, 그 아스퍼거 증후군 얘기도 결국 유치원 선생이 죽고 나서는 유야무야 돼버렸잖아. 정신적인 병이라면 전문가에게 치료를 받아야 하지 않을까?"

그렇게 말한 사토나카는 그날 죽고 말았다. 치아키의 괴이한 언행을 병이라고 단정 지은 사토나카는 그렇게 단언한 날 알 수 없는 죽음을 맞았다. 타쿠로는 계단을 올려다본다. 치아키는 없다. 자신도 모르게 안도의 한숨을 내쉰다. 만일, 이 대화를 치아키가 듣고 있다면……. 바보 같은 생각이라고, 그는 고개를 휘젓는다.

치아키는 관련이 없다. 그걸 알면서도 딸에게 경계심을 품다니.

"여보게, 왜 그래?"

생각에 깊이 빠졌나 보다.

"자네도 안색이 좋지 않아. 다시 병원에 입원해야 할 얼굴인데. 두 사람 모두 입원하면 치아키는 어떡하지?"

"아, 맞다. 다음에 우리 히토미랑 치아키를 같이 놀게 해줄까?"

"중학생인 히토미가 어디 애랑 놀겠어요?"

"꼭 그렇진 않아. 내년에 고등학생이 되는데, 장래의 꿈을 벌써 정했나봐. 유치원 선생님이 되고 싶대. 아이들을 좋아한다나. 저도 아직 아이인 주제에."

치아키는 동년배 친구에게는 전혀 흥미가 없다. 여자 어른이 다가오면 경계심을 품고 때로는 공격한다. 치아키는 미사코가 살아 있을 때 히토미를 몇 번 본 적이 있다. 히토미라면 치아키도 괜한 경계심을 품지 않고 잘 놀지도 모른다.

아예, 다음 일요일에 히토미가 놀러오는 것으로 정했다. 미키는 무엇 때문인지 계속 두려워하며 몸을 떨고 있다.

일요일.

벨이 울리자마자 치아키가 재빨리 현관으로 달려갔다.

"치아키, 너 오랜만이다!"

히토미는 처남 쇼이치의 딸이다. 학교 클럽활동을 끝내고 들른 모양이다. 교복 차림이었다. 히토미는 현관에 테니스 라켓을 놓고 밝은 목소리로 "저 왔어요!"라며 인사하고는 거실로 올라왔다.

"안녕하세요! 고모부, 그런데 저……."

"새 고모야."

히토미가 예의 바르게 머리를 숙이자 미키는 고개를 숙인 자세에서 머리만 약간 더 숙인다.

"아직도 있네, 이 그림!"

히토미는 복도 끝에 걸려 있는 그림을 보고 있다.

"치아키, 언니한테 네 방 구경시켜줘야지."

타쿠로의 말이 채 끝나기도 전에 치아키는 히토미의 손을 잡아끌고 계단을 올라간다.

히토미는 치아키의 방을 휙 둘러보고는 한숨을 푹 쉰다. 갓난아기 냄새가 팍팍 풍기는 방이다. 침대에 허리를 걸치고 삐걱삐걱 흔들어본다. 오늘은 남자 친구와 놀 생각이었다. 그런데 이런 갓난아기 상대나 해줘야 하다니. 그렇다고 치아키의 얼굴에 대고 그런 말을 할 수는 없다. 갑자기 담배가 피고 싶어졌다. 하지만 여기서는 안 된다. 냄새가 나면 들킨다.

치아키는 히토미의 얼굴을 바라보면서 스케치북에 그림을 그리고 있다.

날 그리는 걸까. 하지만 히토미는 전혀 관심이 없다. 마음 같아서는 치아키를 내버려두고 침대에서 잠이나 자고 싶지만, 아르바이트다. 아빠에게 아르바이트 요금으로 오천 엔을 받았다. 얼마 되지도 않는 돈을 받고 갓난아기 상대나 해줘야 하는 자신이 한심하게 느껴진다.

"언니, 조금만 기다려. 금방 끝나니까."

"응, 알았어."

계속 그림이나 그리고 있어라, 속으로 그렇게 생각한다. 치아키의 방 안을 어슬렁거리다가 책상 위에 있는 개구리 모양의 소품에 눈길이 멈췄다. 저금통이다. 개구리 모가지를 비틀면 저금통 안에 들어 있는 돈이 간단히 손에 들어온다. 얼마나 들어 있을까. 관심이 간다.

"언니."

"으응? 왜?"

"아빠가 불러. 내려갔다 올게."

그리고 보니 아까부터 밑에서 부르는 소리가 들렸다.

"그래. 언니는 여기서 기다릴게."

치아키는 고개를 끄덕이더니 방에서 나갔다. 치아키가 나가자마자 히토미는 개구리 저금통을 들어본다. 무겁다. 흔들어보니까 묵직한 소리가 난다. 세뱃돈 받은 것도 들어 있을 것이다. 만 엔짜리는 없어도 천 엔짜리는 꽤 들어 있는 것 같다. 갓난아기에게는 너무 많은 돈이다. 개구리 모가지에 힘을 주니 그대로 툭 하고 빠졌다. 꼬깃꼬깃한 천 엔짜리가 열댓 장, 오백 엔짜리와 백 엔짜리 동전이 잔뜩 들어 있다.

"쬐끄만 게 많이도 모았네."

히토미의 입에서 저절로 말이 나온다. 천 엔짜리 세 장, 오백 엔짜리 동전 네 개를 셔츠 주머니에 쑤셔 넣었다. 개구리 모가지는 뺄 때와 마찬가지로 쉽게 들어갔다. 아빠한테 받은 오천 엔을 합치면 가볍게 만 엔이 된다. 이 돈이면 갖고 싶은 음악 CD와 블라우스를 살 수 있다. 저금통 속 돈이 줄어들어도 금방 눈치 채기는 어려울 게다.

설혹, 제 아빠한테 일러바친다 해도 아마 착각일 거라고 말해줄 것이다. 응큼한 미소를 지으면서 뒤를 돌아보다가 치아키와 눈길이 마주쳤다. 음료수가 담긴 쟁반을 들고 히토미를 빤히 바라보고 있다.

"치, 치아키, 언제부터 거기 있었어?"

치아키는 쟁반을 발밑에 놓더니 방에서 나가려고 했다. 히토미는 치아키의 팔을 세게 끌어당기고는 입을 막았다.

"너, 아빠한테 이르면 언니가 아주 아프게 해줄 거야."

알아듣기 쉽게 천천히 말했다. 치아키는 고개를 좌우로 흔들며 싫다는 반응을 보였다.

"내 말 못 알아듣겠어? 그러면 치아키, 이렇게 된다."

히토미의 손가락이 치아키 가슴의 부드러운 부분을 꼬집었다.

금방 빨갛게 될 만큼 꼬집고는 손을 뗐다. 치아키는 눈물이 그렁그렁한 채 끙끙거렸다.

"이제 알겠지. 아빠한테 이르면 또 아프게 할 거야."

치아키는 눈물을 흘리면서 고개를 끄덕이고는 겨우 히토미에게서 풀려났다.

"자, 치아키가 아까 그린 그림 좀 볼까?"

스케치북에 그려진 그림을 슬쩍 보고는 히토미는 말문을 잃었다. 노랗게 칠해진 요철 모양 아래 동그라미가 두 개. 자동차 같다. 그 노란 자동차 밑에는 파란 윗도리와 검정 스커트를 입은 목이 없는 시체. 시체 곁에는 갈색으로 염색한 긴 머리칼의 여자 목이 나뒹굴고 있다.

히토미를 그린 게 아니다. 목이 잘려나간 다른 여자를 그렸다. 히토미는 그런 비슷한 여자를 알고 있다. 노란 자동차에 깔려 목이 잘린 여자를, 히토미는 너무 잘 알고 있다.

치아키를 보았다. 무표정이다. 그럴 리가. 조금 전만 해도 울었다. 조금 전만 해도 히토미를 무서워했다. 치아키는 자신이 그린 그림을 표정 없는 인형 같은 눈으로 보고 있다.

"치아키, 너도 봤어?"

그날 밤은 아무도 없었다.

그날 밤은 자신과 야에코뿐이었다. 내가 아니다, 야에코가 잘못

했다. 야에코에게 빌린 음악 CD 몇 장을 그저 남에게 돈을 받고 팔았을 뿐인데, 야에코는 히토미를 도둑년이라고 몰아붙였다. 그러고는 CD를 돌려달라며 히토미의 옷깃을 세게 잡아챘다. 화가 치밀어서 야에코를 확 밀쳤는데, 과장되게 넘어지는 시늉을 했다. 쇼를 하는군 싶어 한 대 걷어차려는 순간 야에코의 몸 위로 택시가 지나갔다.

야에코는 '엑' 하는 기이한 소리를 냈다. 택시가 사라지고 난 후 길바닥에는 목이 비틀어져 잘려나간 야에코가 하늘을 향해 쓰러져 있었다. 윗입술이 찢어져 찌부러진 명태알 같았다. 코뼈가 주저앉아 하얀 뼈가 보였다.

위장이 울렁거렸다. 혹시 죽은 걸까. 히토미는 그 자리에서 도망쳤다. 본 사람은 아무도 없고 택시도 뺑소니쳤다.

히토미는 도망쳤다. 자신의 잘못은 없다. 그저 살짝 밀었을 뿐인데. 잘못은 야에코의 몸 위로 지나간 뺑소니 택시 운전사에게 있다.

히토미는 도망쳤다. 아무도 보지 못했다, 그렇게 생각했다. 그날 밤은 아무도 없었다, 그렇게 생각했다.

그 다음에는 연기만 잘하면 되었다. 친구를 사고로 잃고 슬픔에 빠져 있는 불쌍한 히토미를.

하지만 실패다. 목격자가 등잔 밑에 있을 줄은 몰랐다. 치아키는 그날 밤 광경을 똑같이 그려냈다. 누구보다 히토미 자신이 더 잘 알고 있다.

"치아키, 갖고 싶은 거 있어? 언니가 뭐든지 사줄게."

마침 주머니에 만 엔이 들어 있다. 전 재산을 털어도 아깝지 않다. 하지만 치아키는 히토미의 달콤한 유혹에 전혀 관심을 보이지 않는다. 오히려 희미하게 미소를 띠고 있다.

"치아키, 그러지 말고. 너 언니 좋아하지?"

치아키는 고개를 옆으로 흔든다.

"어떡해야 언니가 좋아질까."

치아키는 "케게, 케게" 하며 괴성을 지르면서 침대 위에서 뛰어오른다. 눈알이 파리를 쫓듯 빙글빙글 어지럽게 돌아가고 있다. 히토미는 고개를 가볍게 끄덕이더니 가방에서 자전거를 훔칠 때 애용하는 펜치를 꺼냈다.

거실 벽시계가 오후 3시를 가리켰다. 타쿠로는 읽고 있던 책을 테이블 위에 내려놓고 소파에서 일어섰다. 옆에서 앉은 채로 자고 있던 미키도 눈을 떴다.

타쿠로는 역 앞에서 사 온 케이크를 냉장고에서 꺼내 접시에 담았다. 그는 케이크를 조금 잘라 고개를 숙이고 소파에 앉아 있는 미키 앞에 놔둔다. 미키는 케이크를 쳐다보지도 않는다.

그는 쟁반에 케이크 접시를 담아 들고 2층으로 올라갔다. '되게 조용하네.'라고 생각했다. 치아키 방문을 가볍게 두드리고는 문을 열었다. 히토미가 보이지 않는다. 치아키만 침대 위에 엎드려서 그림을 그리고 있다.

"치아키, 언니는 화장실에 갔어?"

치아키는 아무 대꾸도 없다.

침대와 벽 사이, 조그만 틈새에서 뭔가 움직이고 있다.

"히토미?"

대답은 없지만 히토미가 분명했다. 히토미는 침대맡에 웅크리고 앉아 머리를 빙빙 돌리고 있다. 긴 머리에 가려 얼굴이 보이지 않는다. 히토미의 발밑에 깔려 있는 카펫에 새빨간 물이 고여 있다. 그 안에는 하얀 옥수수 같은 것이 몇 개 섞여 있다. 사람의 치아다. 히토미는 죽을 힘을 다해 자신의 이를 펜치로 뽑고 있었다.

쇼이치가 전화를 걸어 히토미가 입원했다고 했다. 히토미는 완전히 정신이 나갔는지 병원 침대 위에서 게거품을 문 채 의미를 알 수 없는 소리를 쉴 새 없이 주절거렸다고 했다. 타쿠로는 얼굴이 피투성이가 된 채 들것에 실려 가던 히토미의 모습이 떠올랐다.

"히토미가 입원했대. 수험 스트레스로 인한 노이로제 증상인가 봐."

미키는 허공을 응시한 채 입을 반쯤 벌리고 있다. 히토미가 얼굴이 피투성이가 된 채 구급차에 실려 갈 때도 미키는 그런 모습이었다. 타쿠로는 살며시 미키를 끌어안았다. 마치 인형을 끌어안는 느낌이다.

눈이 시릴 만큼 쾌청한 날씨. 마치 풍경화처럼 푸른 하늘에 구름 한 점 없다. 몹쓸 하늘. 이렇게 좋은 날에 방에 틀어박혀 일을 하는 타쿠로는, 날씨가 아깝다는 생각이 들었다. 12시간 동안 컴퓨터 앞에 앉아 있는 중이지만, 집중이 되지 않아 전혀 진전이 없다. 오늘은 그만 하자고, 그는 컴퓨터의 전원을 껐다.

시간은 오전 10시가 되어가고 있다. 아직 치아키는 오지 않는다. 그렇게 생각하는 것만으로 왠지 안심이 된다. 치아키는 이젠 시퍼런 얼굴을 그리지 않는다. 그렇게 집착하던 엄마의 이미지를 더 이상 그리지 않는다. 무척 반가운 일이지만, 대놓고 좋아할 수도 없다. 치아키가 그 얼굴을 그리지 않게 되면서 뭔가 단단히 이상해졌다. 그런 느낌을 지울 수 없다.

히토미가 수험 노이로제 증상을 보일 리가 만무하다. 쇼이치는 그렇게 말했다. 타쿠로도 동감이다. 그날 히토미에게는 전혀 그런 기미가 보이지 않았다. 치아키의 방에서 무슨 일이 일어났음에 틀림없다.

타쿠로는 서재를 나와 거실을 흘낏 본다. 소파에 미키가 앉아 있다. 눈을 감은 채 입을 막고 뭐라고 중얼거리고 있다. 소파 뒤로 지나가는 타쿠로도 몰라보고 혼잣말에 빠져 있다.

타쿠로는 그대로 2층으로 올라간다. 복도는 약간 어두웠지만 불을 켤 정도는 아니다. 치아키의 방과 미사코의 방은 서로 정면으로 마주하고 있다. 치아키 방 문을 연다. 역한 냄새가 코를 찔렀다. 침대와 벽 사이에 깔린 카펫에는 커다란 타원형 얼룩이 남아 있다. 히토미가 토한 피 섞인 침의 흔적이다. 냄새는 거기서 났다.

너무 높이 쌓여 곧 무너질 것 같은 스케치북, 곰 인형, 쓰레기통에 넘쳐나는 연필 깎은 찌꺼기. 신경 쓰이는 게 있다. 희한하게 얇은 스케치북이다. 안의 종이를 전부 도려내서 겉표지만 남아 있다. 다른 스케치북도 살펴보았다. 역시, 없다.

시퍼런 얼굴의 여자 그림만 스케치북에서 전부 도려냈다. 이 방에는 이전에 치아키가 엄마라고 불렀던 시퍼런 얼굴이 하나도 없다. 이제는 그 얼굴이 엄마가 아니라고 이해한 치아키가 스스로 이렇게 했을까.

히토미가 남긴 역한 냄새를 더 이상 참기 어려워 그는 방을 나왔다. 방을 나서자마자, 그는 이상한 기운을 느꼈다. 정면에는 미사코의 아틀리에가 있다. 그 문이 2-3센티미터 정도 빼꼼이 열려 있다. 조금 전까지는 틀림없이 닫혀 있었는데.

문 틈새로 보이는 어둠 속에서 그의 가슴을 압박해오는 시선과 존재감이 느껴진다.

"미키?"

어둠은 아무런 대답이 없다.

"혹시, 미사코?"

알고 있다. 그럴 리가 없다고 타쿠로는 이성으로 알고 있다. 누구도 아니다. 실은 아무도 없다. 단지, 어떤 존재를 만들어내려는 자신만 있을 뿐이다.

손잡이에 손을 얹었다. 불과 몇 센티미터의 틈새로 어둠이 배어나온다. 그 어둠은 슬금슬금 복도를 적시더니 점액질로 된 생물처럼 타쿠로가 서 있는 공간을 모두 덮으려 든다. 타쿠로는 어둠의 공기를 뿌리치듯 단번에 문을 열었다.

자기도 모르게 욱, 하고 신음소리를 냈다. 미사코의 방이자 아틀리에에는 무겁고 엄숙한 공기, 그리고 짙은 암흑이 깔려 있다.

타쿠로는 형광등 스위치를 켠다. 천장에 달린 네모난 형광등은 한 번 티틱 하고 깜빡이더니 불빛을 잃고 만다. 형광등의 수명이 다했나보다. 방 안으로 한 발 디디자 싸늘한 감촉이 발에 전해져온다. 창문의 커튼을 열어젖히니 간신히 실내의 어둠이 주춤거린다.

방 안이 미쳐 있다. 황폐하다든가 지저분하다라는 일반적인 표현으로는 감당하기 어렵다. 미쳐 있다. 형광등에서 아래를 향해 수직으로 이어진 끈에 얼굴을 시퍼렇게 칠한 여자 아이 인형이 목을 맨 자세로 늘어뜨려져 있다.

벽에는 치아키의 스케치북에서 본, 목이나 손발이 없는 괴이한 형상들이 마치 요괴처럼 즐겁게 행진하고 있다. 그 그림의 빈틈에는 새빨간 작은 손도장, 치밀하게 묘사한 눈알, 본 적이 없는 괴이한 문자가 빼곡히 그려져 있다.

책상 위에는 드레스를 입은 여자 아이 인형이 앉아서 무표정하게 이쪽을 바라보고 있다. 어둠 속 시선의 정체가 이것이었을까. 머리칼은 빠지고, 드레스는 갈기갈기 찢어지고, 얼굴 한가운데는 문구용 칼의 부러진 칼날이 삐져나와 있다.

쓰레기통에는 미사코가 그린 그림이 무참한 상태로 버려져 있다. 발밑에는 말라비틀어진 바퀴벌레의 잔해, 지저분한 것을 닦아낸 듯한 티슈. 구토를 일으키는 것들이 발 디딜 틈 없이 바닥에 널려 있다.

타쿠로는 절규하는 심정이 되었다. 미사코가 남긴 추억이 모두 엉망진창이 되어버렸다. 믿고 싶지 않지만, 이런 일을 저지른 범인의 얼굴은 단 한 사람밖에 떠오르지 않는다. 책장에서는 당장이라도 책이 우르르 떨어질 참이다. 그중에 섞여 있는 앨범이 눈에 띈다.

앨범에 낀 두꺼운 먼지를 불어내고 방바닥의 메스꺼운 것들을 발끝으로 밀어낸 뒤 앉을 장소를 만들었다. 앨범을 들추니 그리운 사진들이 나온다. 앨범은 대학 시절의 사진들로 가득 채워져 있었다.

타쿠로와 미사코는 같은 대학교에서 만났다. 얼굴도 모르는 두 사람이 서로 관심을 갖게 된 계기는 동아리 활동이었다. 호러소설 동호회 멤버였던 타쿠로는 자신이 쓴 소설을 복사해 학생들에게 무료로 나눠주었다. 우연히 그곳을 지나던 미사코도 타쿠로가 건네준 복사본을 받았다.

미사코는 타쿠로가 쓴 소설이 맘에 들었다. 그래서 타쿠로에게 표지 그림은 자기가 꼭 그리게 해달라고 부탁했다. 그때 받은 타쿠로의 작품을 이미지화했다는 미사코의 그림을 보고 타쿠로는 충격을 받았다. 그 그림도 사진으로 남아 있다.

이 앨범에는 타쿠로와 미사코가 친해진 과정이 스토리로 나열되어 있다. 사진 속의 두 사람은 앨범을 넘길 때마다 거리가 줄어들고 있다. 마지막 사진은 부끄럽게 웃는 타쿠로를, 만면에 웃음을 띠고 뒤에서 끌어안고 있는 미사코다. 이 사진이 엔딩이라면 얼마나 좋은 해피엔딩이겠는가.

타쿠로는 책장에서 앨범을 전부 꺼냈다. 아직 네 권이 더 있었다. 대학교 졸업 후 동거. 타쿠로가 소설로 신인문학상 수상. 처음으로 단행본 출간. 결혼. 타쿠로와 미사코 두 사람의 러브스토리는 계속 이어졌어야 했다.

마지막 앨범의 두 번째에서 스토리는 멈춰 있었다. 최후의 사진은 어느 역인가에서 개찰구를 찍은 사진이었다. 타쿠로는 처음 보는 역이었다. 개찰구 저편에 긴 머리칼의 여자가 한 명 서 있다.

사진이 이상했다. 금방 무엇이 이상한지 발견했다. 그 여자의 얼굴이 거꾸로 찍혀 있다. 머리칼도 몸도 정상인데, 얼굴만 거꾸로 찍혀 있다. 앨범을 거꾸로 들고 보니 그 여자는 미사코다. 얼굴만 거꾸로 뒤집어놓아도 자신의 여자를 몰라본다. 컴퓨터를 이용해 합성한 사진일까. 불안감을 안겨주는 사진이다.

- 거꾸로 된 얼굴.

타쿠로는 이 사진 말고도 어디선가 그 비슷한 것을 본 느낌이 든다. 기분 나쁜 여운이 남았지만, 깊이 생각하지 않고 앨범을 다시 책장에 꽂아두었다.

그런데 이상하다. 이상하게 생각해서 그럴까. 아무것도 아니라고, 아무것도 아니라고, 그는 아까부터 마음속으로 반복하고 있었다. 그런데 아무것도 아닌 게 아니었다.

누군가 보고 있다. 아까까지의 애매한 감각이 아닌, 확실한 느낌이다. 누군가 계속 보고 있다. 등허리로 식은땀이 흘러내린다. 미사코 정도가 아니다. 묵직하고 끈적끈적한 성분을 지닌 무수한 시선이 손을 뻗쳐 그의 등을 휘감는다. 그 시선이 어디서 오는지는 안다. 타쿠로의 등 뒤에서다.

거기에는 커튼에 가린 벽이 있다. 이 방에서 유일하게 가려진 벽. 미사코는 이전부터 그 벽에 완성되기 직전의 그림을 숨겨놓고, 눈에 띄는 걸 싫어했다. 그 커튼 뒤에 타쿠로를 바라보는 무엇이 있다. 전혀 감정이 없는 시선이다. 이 시선은 타쿠로에게 이것저것 지시하지 않는다. 단지, 바라보고 싶어 바라보고 있는 그런 시선이다.

그런 상대방이 계속 바라보고 있으면 정신적으로 얼마나 지치는지. 그를 꼼짝 못하게 하는 시선을 조금씩 풀어가면서 타쿠로는 기듯이 숨겨진 벽에 다가갔다. 봐서는 안 되는 곳에 접근한다. 이는 목숨에 관계된 행위에 가깝다. 하지만 그 정체를 자신이 밝히지 못하면 이 방은 영원히 '그들'의 서식처가 된다. 그러면 이 집 전체를 침식당하고 말 것이다.

커튼에 겨우 손을 댔다. 미사코는 여기에 무엇을 숨겨놓았을까. 타쿠로 자신이 스스로에게 경고하고 있다. 기껏해야 천 조각 하나인데 그것을 들추지 못한다니. 들추고 싶지 않기 때문이다. 숨이, 심장의 고동이 빨라진다. 이대로 심장이 멈출지도. 그는 탁한 소리를 목구멍에서 짜내면서 커튼을 옆으로 젖혔다.

무시무시한 힘이 향 어깨를 짓누른 것처럼 타쿠로는 그 자리에 털썩 주저앉고 말았다. 이 방에 음침한 기운이 있는 이유를, 이제야 알았다. 벽에는 그 여자, 예의 시퍼런 얼굴의 그림이 꽉 차게 붙어 있었다. 한 겹이 아니다. 몇 겹씩이나 똑같은 그림이 겹쳐져 붙어 있다.

스케치북에서 도려낸 그림, 복사용지, 신문의 전단지 뒷면. 치아키가 지금까지 그린 시퍼런 얼굴의 여자를 모두 이 벽에 모아두었다. 겉표지만 달랑 남은 스케치북의 존재도 여기에 이유가 있었다. 시선은 이 '얼굴들'에서 비롯되었다. 이 방에 있으면 정상인 사람도 하루를 못 넘기고 정신이상자가 되고 말 것이다.

이 벽에는 대충 봐도 수백 개의 얼굴이 붙어 있다. 모두 시퍼런 얼굴의 여자다. 그런데 얼굴들의 정중앙에 오직 하나 다른 게 있다. 그림 터치가 다른 시퍼런 얼굴. 치아키의 솜씨는 분명 아니다. 미사코가 그렸을까. 그 얼굴만이 눈에 띄게 생생하고 입체감이 있어서 당장이라도 튀어나올 듯한 느낌을 뿜어내고 있다.

대체 어떻게 된 일일까. 맨 처음 시퍼런 얼굴의 여자를 그린 사람은 미사코였을까. 그래서 치아키가 그 그림을 흉내 냈을까. 미사코는 왜 이런 오싹한 그림을 그렸을까. 그녀가 하는 일은 그도 대충 알고 있었다. 하지만 이런 일러스트를 취급하는 장르는 없었다.

게다가 이 그림은 미사코답지 않다. 미사코의 그림에는 늘 유쾌한 감각이 있었다. 하지만 이 그림에서는 전혀 그런 기미를 느낄 수 없다. 이 그림은 마치 모델을 앞에 두고 그린 것처럼 소름끼치게 생생하다. 모델과 똑같이 그리려고 자신의 실력을 모두 쏟아부은, 그런 느낌이 든다.

그러나 이런 얼굴의 모델이 존재할 리 없다. 있다면, 시체뿐이다. 피가 흐르지 않을 것 같은 피부색. 아무런 의식도 지니지 않는 눈. 녹아서 흘러내리는 촛농 같은 얼굴. 마치 그리스 신화에 나오는, 자신을 보는 자를 모두 돌로 만들어버리는 추악한 얼굴의 메두사를 연상시켰다.

당장이라도 벽에서 그림을 전부 떼어내 찢어버리고 싶다. 하지만 그래서는 안 된다는 생각이 든다. 어떤 봉인을 풀어버릴 것 같은 느낌이 들어서다. 타쿠로는 다시 커튼을 치고 그 '무엇'인가를 자극하지 않으려고 뒷걸음질을 치면서 그 방을 빠져나왔다.

치아키는 그 얼굴에 푹 빠져버렸다. 그 오싹한 얼굴은 모습을 감춘 것이 아니라 미사코의 방에서 몰래 증식을 계속하고 있었던 것이다. 치아키의 힘을 빌려서.

치아키에게 엄마는 벽에 달라붙어 목까지만 있는 평면 그림이다. 그럼, 미사코가 그린 얼굴은 절대적인 존재의 표현일까. 비록 엄마라고 부르지만, 치아키에게는 '신'과 동격인 존재다.

누가 광신도를 향해 신의 존재를 부정한다면 어떻게 될까. 신의 존엄성을 지키기 위해 몸을 바쳐 무신론자를 벌하려고 들 것이다. 치아키에게는 미사코가 그린 저 얼굴이 고상한 존재다. 그래서 감히 그림에 손을 대지 못하고 복제만 할 뿐이다. 마치 자신이 신의 계시를 받은 것처럼. 타쿠로에게는 저 그림이 신은커녕 사신으로 밖에 보이지 않았다.

히토미가 죽었다. 자살이었다. 퇴원하고 집으로 돌아온 날 밤 자기 방에서 목을 맸다고 한다. 유서는 남기지 않았다. 결국, 히토미가 저지른 기이한 행동은 수험으로 인한 스트레스로 가닥이 지어질 것 같다.

히토미를 위해 만들어진 틀니는 한 번도 사용된 적 없이 방 안에 굴러다녔다고 한다. 그 소식을 듣고도 미키의 표정은 변하지 않았다. 미키를 잠시 동안 이바라키 현에 있는 처갓집에 보내기로 결정했다. 이대로 집에 있는다고 해서 미키의 상태가 호전될 것 같지 않았다. 원인도 제대로 모르는데, 회복을 바랄 수는 없다.

치아키는 이제 유치원에서도 제일 나이 많은 축에 속한다. 타쿠로에게 '얼굴'을 숨겨놓은 장소를 발각당해서인지 오히려 지금은 뻔뻔스럽게 대놓고 그린다. 요즘에는 그림 실력이 더 늘었는지 비록 죽은 사람의 안색이지만, 시퍼런 여자의 얼굴에 생동감이 묻어난다. 치아키가 그리는 얼굴이 갈수록 미사코가 그린 얼굴에 가까워지고 있다.

9

 여름이라는 계절은 좋아질 수가 없다. 지저분하고 냄새나는 이미지밖에 없기 때문이다. 낮에는 땀을 흘리고, 밤에 잘 때는 괴롭다. 음식은 금방 상한다. 벌레도 많아진다. 아무튼 좋은 일이 하나도 없다.
 타쿠로는 에어컨이 돌아가는 거실에서 주간지를 읽고 있다. 타쿠로가 살고 있는 동네에서 자살이 점점 늘고 있다는 기사가 비중 있게 취급되었다. 여름이 되면서 노인과 노숙자가 하루가 멀다 하고 자살하고 있다. 평소라면 자살 따위는 크게 기삿거리가 되지 않는다. 그저 신문 제일 구석에 실릴 정도다. 하지만 이 동네는 유난히 자살 사건이 많다. 기사를 쓴 기자는 고령화 사회의 우려, 노숙자의 자립 지원 대책 강화 따위를 떠들어댄 다음 기사의 끝부분에 사이비 종교의 범죄 가능성도 언급했다.
 2층에서 치아키가 내려왔다. 에어컨 바람을 쐬려는 모양이다. 에어컨은 거실과 다다미방, 두 곳밖에 없다. 치아키는 부엌에 들어가더니 냉장고 앞으로 의자를 끌어다놓았다. 아이스크림이라도 들어 있는 줄 아는 모양이다. 하지만 냉동실은 텅텅 비어 있다. 의자 위로 올라간 치아키는 냉동실를 열고, 잠시 가만있더니 그 안으로 머리를 들이밀었다. 이렇게 더운 날에 아이스크림 하나 사다놓지 않았다며 타쿠로에게 무언의 항의를 하는 중이다.

"치아키, 그만해."

타쿠로는 부엌에 들어가 치아키를 의자에서 끌어내렸다. 치아키의 얼굴은 이미 싸늘해져 있다.

역 앞 백화점에 미키가 좋아하는 소프트 아이스크림 가게가 있다. 하지만 지금까지 한 번도 직접 가본 적은 없다. 하필 미키가 없을 때 가게 될 줄은 상상도 못 했다. 치아키는 소프트 아이스크림을 먹고 싶다고 했다.

둥그런 테이블에서 치아키는 스케치북에 그림을 그리면서 타쿠로가 오기를 기다리고 있다.

"자, 소프트 아이스크림 왔다!"

그는 바닐라 소프트 아이스크림을 치아키에게 건네준다. 치아키는 불만인 표정을 짓는다.

"표정이 왜 그래?"

"핑크가 좋아."

딸기 소프트 아이스크림을 원하고 있다. 치아키의 눈이 한 번 더 갔다 오라고 말하고 있다.

"근데 이미 샀잖아. 오늘만 하얀 색으로 하자. 봐, 하얀 색도 맛

있어."

 타쿠로가 아무리 맛있게 먹는 척을 해도 안 통한다. 치아키는 소프트 아이스크림을 알루미늄 재떨이에 거꾸로 엎어버렸다.

"너, 무슨 짓이야!"

"핑크가 좋아."

"너, 앞으로 소프트 아이스크림 다신 안 사줄 줄 알아!"

 타쿠로에게 야단을 맞고 치아키는 심통이 나서 그림을 그리기 시작한다. 언제부터인지 치아키 옆에 허리가 굽은 노파가 서 있다. 이 찜통 더위에 털실로 짠 빨간 머플러를 목에 두르고 올이 풀린 소매 없는 겉옷을 걸치고 있다. 얼굴에 핀 커다란 검버섯이 모두 눈 주위에 몰려 있어서 흡사 판다처럼 보였다. 손에는 먹다 만 핑크빛 소프트 아이스크림이 들려 있다.

"아가, 이거 먹어."

 노파는 혀로 핥은 자국이 고스란히 남아 있는 소프트 아이스크림을 치아키의 입에 들이댄다. 의아하게 노파를 올려다보는 치아키. 타쿠로는 얼른 치아키를 잡아끈다.

"고맙습니다만, 새로 사서 먹을게요."

 노파의 귀에는 들리지 않는 모양이다. 타쿠로의 말에는 아무 대꾸도 없이 죽은 판다 같은 얼굴로 치아키를 응시하고 있다.

"이거 먹어."

 웃는 얼굴에는 싯누런 이가 드러나고, 손톱 밑에 때가 꼬질꼬질

낀 손으로 녹아서 흘러내리는 소프트 아이스크림을 내밀고 있다. 타쿠로는 치아키를 안아 올려 반대편 의자에 앉혔다.

"죄송합니다만 정말 괜찮거든요. 할머니 드세요."

하지만 노파는 테이블 위로 몸을 내밀고, 타쿠로의 어깨 너머 치아키를 바라본다. 끈적한 핑크빛 액체가 주름투성이 손으로 흘러내리더니 테이블 위에도 몇 방울 떨어졌다. 노파의 흐릿한 눈동자도 이상했다. 타쿠로는 치아키를 안고 빠른 걸음으로 가게를 빠져나갔다.

가게를 나와 유리 너머로 가게 안을 흘긋 보니 노파는 여전히 테이블 위로 몸을 내민 채 눈을 크게 뜨고 치아키를 보고 있다. 노파의 입은 "이거 먹어."라고 말하고 있었다.

노파가 따라오지는 않나 싶어 몇 번이나 뒤를 돌아보면서 두 사람은 간신히 집에 도착했다. 현관 앞에 다다르자 집 안에서 전화벨이 울리는 소리가 들렸다. 타쿠로는 현관문을 열고 치아키의 신발을 벗겨주고는 거실로 달려갔다. 복도에 놓인 전화기가 빨리 받으라고 재촉하는 듯하다. 자동응답기 켜놓는 것을 깜빡 잊어버렸다.

수화기를 들자마자 숨이 멎을 듯 기침을 해대는 소리가 들려왔다.

"오랜만입니다, 선생님."

낮고 음습한 목소리. 처음 들어보는 목소리다. 타쿠로가 누구냐고 묻기도 전에 상대방은 '쿠스노키'라고 이름을 밝혔다.

"선생님, 잘 지내셨어요?"

"저번에 통화한 이후로 전혀 연락이 없어서 걱정했어요."

"걱정하셨어요? 역시 선생님은 좋은 분이시네요."

쿠스노키는 희미하게 웃는 소리를 내더니 콜록콜록 기침을 했다.

"일전에도 말씀드렸지만, 걱정 안 하셔도 됩니다. 저는 행복의 절정기를 맞고 있으니까요."

"쿠스노키 씨……. 정말 괜찮은 거예요?"

"무슨 말씀입니까?"

"주간지 기사에도 나오잖아요. 요즘 이 동네에서 자살하는 사람이 많다고. 내가 쿠스노키 씨를 걱정하지 않을 수 있겠어요?"

"요즘은 속세를 떠난 생활을 하고 있어서 뉴스도 못 봐요."

쿠스노키가 '캭캭' 하고 목을 추스르더니 가래를 뱉는 소리가 들렸다.

"그런 그렇고."

쿠스노키가 기어들어 가는 소리로 말을 꺼냈다.

"어서 빨리 미사코 씨를 성불시켜야지요."

전화를 건 용건이 그거였나보다. 전에도 전화를 건 이유는 미사코가 꿈에 나타났다는 거였다.

"모처럼 연락을 드렸는데, 이런 말씀을 드려서 죄송합니다만, 나타나요. 아직도."

"꿈에 말입니까?"

"예. 이번에는 더 심해요. 잘 들어보세요."

꿈은 타쿠로의 집 화장실에서 시작된다. 바지를 올리고 화장실에서 나와 쿠스노키는 타쿠로의 서재로 가려고 복도를 걷는다. 다다미방 앞을 지나려는데 방문이 열려 있다. 살며시 방 안을 들여다보니 미사코가 치아키를 안은 채 자고 있다. 왠지 갑자기 흥분되면서 미사코의 가슴을 만지고 싶어진다. 쿠스노키는 미사코의 가슴에 손을 뻗친다. 하지만 치아키가 안겨 있어서 만질 수 없다. 쿠스노키는 미사코의 팔에서 치아키를 떼어놓으려고 한다. 그러자 자고 있던 미사코의 얼굴이 갑자기 시퍼렇게 변하더니 눈을 감은 채로 벌떡 일어난다.

"그걸로 꿈이 끝납니다만, 정말 소름끼치더군요. 요즘은 자는 게 무서워서 매일 밤 커피를 한 사발씩 마시고 있어요. 그래도 안 돼요. 커피 마신 효과가 전혀 없어요."

"꿈이라고는 해도 듣기가 민망하네요?"

아무리 꿈이라도 가볍게 응수하기가 힘들다. 쿠스노키가 평소에 미사코를 그렇고 그런 눈으로 바라봤는지도 모른다.

"미사코 씨가 왜 그런 얼굴을 하고 있을까요, 내가 나쁜 짓을 해서 그런가요?"

"...... 그럴지도 모르지요."

"하지만 꿈속의 일이잖아요. 게다가 미사코 씨에게는……."

"잠깐만요, 그 여자는 미사코가 아녜요."

"그럼, 대체 누굽니까?"

"쿠스노키 씨, 치아키가 그린 그림을 몇 번 본 적 있지요? 시퍼런 얼굴도."

"예예, 보여 받은 적이 있지요."

쿠스노키는 이상한 문장을 구사했다.

"그 그림은 사람의 기억에 강하게 남는 모양이에요. 그 얼굴이 꿈에 나타난다고 말하는 사람이 또 있어요."

유치원생들의 꿈에 치아키가 그린 얼굴이 나온다고 사토나카가 이야기한 적이 있다. 미키도 악몽을 꾸고, 시선을 느낀다며 미사코를 두려워했다.

"미사코 씨는 그림으로 그려도 굉장한가봐요."

쿠스노키는 감탄을 섞어 말한다. 아무래도 시퍼런 얼굴을 미사코로 생각하나보다.

"그게 아니라, 아니라니까요. 그 얼굴은."

타쿠로는 미사코의 방에서 본 생생하게 그려진, 시퍼런 얼굴 그림 이야기를 해주었다. 그 얼굴을 처음으로 그린 사람은 미사코이고 치아키는 그 그림을 보고 흉내를 내고 있다, 고.

"그 얼굴은 미사코가 아녜요. 미사코가 뭔가를 보고 그린 그림이거나, 어디선가 본 얼굴을 아주 충실하게 묘사한 그림이에요. 아니면 꿈에서 봤는지도 몰라요. 꿈에서 봤다면 본 그대로 그렸겠지요."

"꿈속의, 얼굴이라고요?"

"꿈에서 본 세계를 그리는 화가도 있잖아요. 물론 미사코의 전문 분야는 아니지만, 꿈속에서 너무 강렬했기 때문에 그림으로 남겼을 수도 있어요."

미사코는 자면서 이를 부득부득 간 적이 있었다. 그때 꿈속에서 그 얼굴을 봤는지도 모른다.

"그렇다면, 미사코 씨가 꾼 악몽이 내게 옮겨왔을까요?"

납득이 가지 않는지 쿠스노키가 '끙' 하고 신음 소리를 낸다.

"그래도 액땜 한 번 하시지요."

"미사코가 악령이라도 됩니까?"

쿠스노키는 심하게 콜록거린다. 그러더니 헛구역질을 하는지 꽥꽥거리는 소리가 들렸다.

"어디 아픈가요?"

"선생님, 하자니까요. 액땜. 그 얼굴은 미사코 씨가 틀림없어요."

"자꾸 무슨 소릴 하는 겁니까, 왜 자꾸 미사코라고 우겨요?"

"반지를, 끼고 있었어요."

"반지라니요?"

"결혼반지밖에 더 있겠어요? 선생님이 끼고 있는 반지와 똑같은 꽃 모양이 새겨진."

그는 타쿠로의 왼손 약지에 끼워져 있는, 거베라 꽃 모양이 새겨진 백금 결혼반지를 말하고 있다. 미사코의 반지와 디자인이 똑같은 커플 반지다. 타쿠로는 목욕할 때 빼고는 반지를 꼭 끼고 다닌다. 반대로 미사코는 거의 반지를 끼지 않았다. 그림을 그릴 때 반지가 걸려 신경이 쓰인다고 했다. 그래도 신혼 초에는 그림을 그릴 때 이외는 반지를 끼고 있었던 것 같다. 그 이후 치아키가 태어나기 얼마 전부터는 미사코의 손가락에서 반지를 본 적이 없다. 아틀리에에 놔두었는지도. 왜 그랬을까.

아까만 해도 쿠스노키의 꿈속에 나타난 여자는 미사코가 아니라고 확신했다.

나무아미타불, 나무아미타불, 나무아미타불……. 수화기에서 단조로운 염불이 들려온다.

"쿠스노키 씨, 장난하지 마세요!"

나무아미타불, 나무아미타불, 나무아미타불…….

타쿠로가 화가 나서 전화를 끊을 때까지 수화기에서는 쿠스노키의 목쉰 염불이 계속되고 있었다.

달도 별도 없는 칠흑 같은 밤. 검은 강변을 따라 늘 가던 산책로를 걷는다. 흐르는 강물 소리도, 물고기가 튀어 오르는 소리도, 밤바람이 나뭇잎과 풀잎을 흔드는 소리도, 늘 그랬듯이 귀를 싱그럽게 간질이며 스쳐 간다.

이 어두운 산책로에 자신도 동화되고 있음을 안다. 장례식에 다녀온 타쿠로는 상복을 입은 채로 치아키와 산책을 하고 있다.

쇼이치의 처, 유카리가 죽었다. 히토미의 방에서 목을 맸다. 그런 밤에, 늘 하던 대로 밤 시간을 보내는 자신들이 이상하게만 여겨진다. 사람이 죽었으니까 오늘은 산책하지 않는다, 치아키에게는 그런 정상적인 논리가 통하지 않는다. 사람의 죽음 따위는 치아키의 일상을 방해하지 못한다. 치아키는 아직도 그림을 그릴 장소를 찾고 있다. 어차피 그려봤자 예의 그 얼굴이다.

휴대폰이 울렸다. 쇼이치의 집에서다.

"여보세요."

"자넨가, 날세. 오늘 와줘서 고마워. 인사도 제대로 못하고……."

쇼이치의 목소리는 지쳐 있었다. 딸 히토미를 잃고 마음을 추스르기도 전에 이번에는 아내를 잃었다. 쇼이치에게 그 이상의 불행이란 있을 수 없다.

"너무 불행한 일이 계속되니까, 눈물도 나오지 않아, 이상하지?"

위로의 말이 나오지 않았다.

"마누라는 히토미가 목을 맨 끈으로 히토미와 똑같은 장소에서 목을 맸어."

상상하고 싶지는 않지만, 그 광경이 저절로 떠오른다.

"너무 괴로워서 견디기 힘드셨겠네요."

"괴로워서 견디기 힘들었다? 자네가 뭘 안다고 그래!"

"죄, 죄송합니다."

"난 말야, 마누라가 자살할 마음은 전혀 없었다고 믿어."

타쿠로는 조용히 듣고 있다.

"마누라의 물건을 정리하는데, 일기가 나왔어. 매일 일기를 썼더라고."

그의 목소리가 떨렸다. 그 일기를 지금 갖고 있는 모양이다. 페이지를 넘기는 소리가 난다.

"내가 전혀 기억하지 못하는 일까지 일기에 자세히 쓰여 있어. 그리고 3년 전에 쓴 일기장 속에 종잇 조각이 한 장 끼어 있는데, 무슨 메모 같기도 하고."

"메모요?"

"언제 썼는지는 모르겠지만, 무슨 전화번호와 함께 알파벳으로 'MISAKO'라고 쓰여 있어. 그 밑에는 1999.9.3이라고 쓰여 있고."

숫자는 타쿠로와 미사코가 혼인신고를 한 날이다. 금방 짚이는 것이 있다. 그 메모는 결혼반지 안쪽에 새겨진 내용을 베낀 것이다. 타쿠로가 끼고 있는 반지 안쪽에도 똑같이 새겨져 있다.

"괜히 신경이 쓰여서, 한밤중이었지만 이 번호로 전화를 걸어봤어. 혹시 마누라가 아는 사람의 전화번호라면 마누라가 죽었다고 알려야 되니까. 자동응답기로 전환시켜 놓았는데, 조금 있으니까 '디아나'라는 회사로 연결되더라고. 자네, 혹시 이 이름 들어본 적 있나?"

"아뇨, 처음 듣는데요."

"······그래."

"저, 형님……."

"잠깐 있어 봐. 아직 자네한테 할 말이 있어. 지금, 정리하는 중이니까."

쇼이치는 한동안 아무 말도 없었다. 타쿠로는 잠자코 기다렸다. 아무런 소리도 들리지 않는 휴대폰을 귀에 댄 채 시간이 흘러간다. 강도 밤바람도 풀과 나무도, 사람의 말을 기다리는 듯 조용히 웅크리고 있다. 막상, 적막을 깬 것은 치아키의 콧노래였다. 이런 밤에도 치아키는 기분이 좋아 보인다.

"자네."

쇼이치는 겨우 말을 꺼냈다.

"지금부터 내가 읽는 것을 잘 들어봐."

"예."

6월 19일
잠이 오지 않는다.
오늘 밤도, 왔다.
미사코가, 아니다, 다르다.
지금도, 여기에 있다.
무섭다. 시퍼런 얼굴.
차갑다.
너무 싫다. 왔다.
왔기에 나는 간다.

"마누라가 목을 맨 그날 밤에 쓴 일기야. 혹시 유서일까?"

유서라고 할 수 있는 부분도 있다. 하지만 뭔가 다르다. 목덜미를 어루만지는 끈적거리는 공기가 타쿠로에게 오싹한 느낌을 준다.

"'밤만 되면 미사코가 침실에 온다.' 미사코가 죽은 뒤로 마누라의 일기에는 거의 매일 이런 내용이 쓰여 있어."

"매일 밤, 죽은 미사코가 형수님을 찾아왔다는 말씀입니까?"

"꿈을 꿨는지도 모르고, 정말로 미사코의 유령이 찾아왔는지도 몰라. 하지만 마누라가 자살한 날 본 것은 꿈이 아냐. 그리고 미사코도 아니고."

인생을 비관하고 사랑하는 딸의 뒤를 따라갔다, 타쿠로는 그렇게 생각했다. 그러나 그녀의 일기 속에는 그런 생각을 무너뜨리는 몇 개의 단서가 있다.

"시퍼런 얼굴 말인데, 혹시 치아키가 그린 그 얼굴이란 생각들지 않나?"

"저도 그렇게 생각해요. 그 얼굴은 어찌된 영문인지 사람들의 기억에 깊게 남는 모양이에요. 제 주변에도 그 여자 얼굴이 꿈에 나타난다는 사람이 많거든요. 근데, 왜 형수님 꿈속에까지."

"꿈? 자넨 그렇게 생각해?"

"……."

미사코가 보고, 치아키도 보고, 미키, 쿠스노키, 사토나카, 유치원생들, 그리고 유카리의 꿈에까지 나타난 시퍼런 얼굴의 여자.

그 모든 게 꿈이 아니라면……

"히토미도, 똑같은 것을 봤을 가능성이 높아."

"형님은 뭐라고 생각하세요?"

"빙의."

쇼이치는 잘라 말했다.

빙의는 죽은 자의 영혼 따위에 접촉하면 그 영혼이 옮겨 붙는 현상을 말한다. 만일 빙의라면 빙의 들린 사람들은 대체 무엇에 접촉했을까.

"자네는 빙의 현상을 믿어?"

"아뇨, 믿지 않아요."

쇼이치는 딸 히토미와 처 유카리가 자살한 이유를 다른 데로 돌리고 싶어 한다.

"치아키는 지금 뭐해?"

"그림을 그리고 있어요. 지금 강 근처를 산책하고 있거든요."

"이렇게 늦은 시간에? 매일 밤?"

"예……."

"시퍼런 얼굴의 여자를, 그리고 있겠지?"

"아마 그럴 거예요."

"빙의를 일으키는 장본인이 치아키라고 생각하지 않나?"

쇼이치는 믿기 어려운 말을 꺼냈다. 죽은 자의 영혼도 아니고 더구나 신도 아니다. 살아 있는 인간인 치아키가 빙의를 일으킨

다니.

"그게 무슨 말씀입니까!"

"난 제정신이야. 처자식을 잃었다고 정신이 이상해진 건 아냐. 일전에 유치원 선생도 육교에서 떨어져 죽었잖아?"

"사토나카 선생은 사고로 죽었어요! 치아키랑 상관없어요!"

"상관이 없다? 지금 자네 부인은 어떻고? 치아키한테 끌려 묘지에 가서 무엇을 봤다고? 미사코의 유령을 봤다고 하던가? 오히려 치아키가 두려워 도망치려고 했잖아? 그게 무슨 뜻이겠어? 히토미는 치아키의 방에서 정신이 나갔어. 그 전까지는 아주 멀쩡했어. 수험 스트레스? 홍, 웃기고 있네. 자네 어떻게 설명할 거야? 빙의 이외에 설명할 수 있으면 어디 한번 해봐!"

"형님, 너무하십니다. 치아키는 살아 있는 인간이에요! 빙의를 일으키거나 할 수 있는 존재가 아니라고요!"

"그렇다면 치아키와 자네는 그런 존재의 보호를 받고 있는 거야."

갑자기 쇼이치의 목소리가 냉정을 되찾았다.

"저랑 치아키가…… 보호받고 있다고요?"

"그렇게 생각하지 않아? 자네와 치아키 주위에서 아주 이상한 일이 벌어지잖아?"

마치 모든 재난의 원인이 타쿠로의 집안에 있다는 것처럼 들렸다. 실제로도 그런 의미로 말했을 것이다.

"잘 생각해봐. 자네와 치아키를 보호하는 무언가가 주위에 빙의를 일으키고 있어."

"형님도 참, 그런 일은 현실적으로 일어날 수가 없잖아요. 히토미나 형수님이 빙의에 들릴 이유도 없고요."

"그런 존재는 접촉하는 것만으로도 옮겨 붙어. 우리 식구들이 자네 식구들과 너무 과하게 접촉했어."

너무 후회된다, 그런 목소리였다.

"형님, 당장 내일이라도 만나서 얘기하시죠."

"싫어. 이제 나는 자네 식구들과 관련이 없어. 인연을 끊을 거야. 빙의에 들리고 싶지 않으니까. 이 동네를 떠날 거야. 이 동네는 저주 받았어. 내가 보기에 여긴 지옥이야. 어딜 가도 음산한 냄새만 나. 그 강, 자네랑 치아키가 지금 걷고 있는 그 강도, 난 싫어. 자네랑 치아키가 좋아하는 그 강이 동네 한복판을 관통해서 흐르고 있거든. 이 동네는 이제 끝났어. 더이상 아냐."

한 맺힌 쇼이치의 목소리가 귀에 따가웠다. 하지만 그의 말을 들어주는 것 말고는 타쿠로가 할 수 있는 게 아무것도 없었다.

"미사코도 죽었고, 자네랑 이게 마지막이야. 아 참, 말해줄 게 있어. 메모에 적힌 전화번호 말인데. 미사코랑 관계가 있는 전화번호일지도 몰라. 그리고 나는 더 이상 엮이고 싶지 않아."

쇼이치는 천천히 전화번호를 불러주었다. 그리고 전화를 끊었다. 타쿠로는 기억이 달아나기 전에 곧바로 전화번호를 휴대폰에 저장했다.

 어느새 치아키는 그의 옆에 와서 그를 올려다보고 있었다. 치아키의 발밑에 펼쳐진 스케치북에서 시퍼런 얼굴의 여자가 그를 바라보고 있었다.

 다음 날, 타쿠로는 쇼이치가 일러준 번호로 전화를 걸었다. 전화벨이 한 번 울리자마자 상대방의 목소리가 들려왔다.
 "감사합니다. 디아나 시나가와 지점입니다."
 "저, 실례지만 무슨 회사인지요?"
 "손님한테 반지나 목걸이 같은 액세서리를 주문받아 제작하는 곳입니다."
 그래도 감이 잡히지 않은 타쿠로는 사정을 설명했다. 점원은 지점장 츠다를 바꿔주었고 타쿠로는 다시 한 번 사정을 설명했다. 츠다는 유카리를 알고 있었다. 유카리가 죽었다는 말을 듣고는 무척 놀라는 눈치였다. 이야기를 다 듣고서야 타쿠로는 그 메모가 존재한 이유를 알게 되었다.
 그가 미사코를 만난 것은 4년 전쯤. 유카리에게 이끌려 미사코가 그 가게에 들렀을 때 딱 한 번뿐이었다. 미사코는 자신도 모르는 사이 결혼반지를 잃어버렸는데, 차마 타쿠로에게 말을 꺼내지 못했다. 상의하러 온 미사코에게 유카리는 똑같은 반지를 만들면 된다고 말했고, 두 사람은 유카리가 아는 사람이 일하는 디아나에 가게 되었다. 사정을 들은 츠다는 반지 안쪽에 새겨진 이름과 결혼 날짜, 흠집이 생긴 위치 따위를 미사코에게 자세히 듣고 그림을 몇 장 그려서 미사코와 유카리에게 보여주었다.

유카리의 일기장에 끼여 있던 메모는 아마 그 당시에 미사코가 쓴 것이리라. 원한다면 언제든지 똑같은 반지를 만들 수 있는 상황이었지만, 결국 그렇게 되지 않았다. 미사코가 디아나에 전화를 걸어 반지를 더 찾아보겠다고 했기 때문이다.

타쿠로는 예의를 표시하고 수화기를 내려놓았다. 미사코는 왜 반지를 만들지 않았을까. 반지를 찾았을까. 타쿠로는 쿠스노키가 전해준 꿈 이야기를 떠올렸다. 미사코는 대체 어디서 반지를 잃어버렸을까.

10

언덕길을 올려다보니, 자신의 집 옥상이 보인다. 언덕길 제일 아래에서 2, 3분 정도 걸으면 현관 앞에 도착한다. 겨우 그 정도의 짧은 거리지만 주위에 꽃이 많다. 죽은 자를 위한 꽃이다.

타쿠로는 주민들이 '미화 운동'의 일환으로 장식한 꽃을 봐도 예쁘다는 생각이 들지 않는다. '열심히들 하고 있구나.'라는 얄팍한 감상만 들 뿐이었다.

그런데 죽은 자를 위해 바쳐진 꽃들은 특별한 느낌이 든다. 일전에 이 언덕길에서 노인 한 사람이 마치 잠을 자듯 죽어 있었다. 돌봐줄 가족이나 친척도 없는 노숙자였다. 그런데 그를 위해 누군가 하얀 꽃다발과 향을 피우고, 500cc들이 캔 맥주를 놔두었다. 그의 생전에 타인으로부터 그런 대접을 받은 적이 있을까.

우리는 죽은 사람의 존재를 존중한다. '살아 있을 때는 더럽네, 방해되네.'라며 경멸의 시선을 받았지만, 이렇게 꽃다발로 표시해둔 묘지에서는 다른 사람의 자비심을 받는 존재가 된다.

복잡한 심정으로 타쿠로는 언덕길을 오른다. 집 앞에 여자가 서 있다. 타쿠로는 발걸음을 멈추었다. 여자는 딱히 뭘 하고 있지도 않았다. 다만 고개를 푹 떨구고 서 있을 뿐. 여자가 입은 하얀 캐미

솔 밖으로 뼈처럼 가느다란 팔이 삐져나와 힘없이 흔들리고 있다.

"미키?"

설마 하면서 타쿠로는 말을 건네보았다. 여자는 뒤돌아보더니 머리를 살짝 숙인다. 미키였다. 너무 변해 있어서 타쿠로는 한눈에 알아보지 못했다.

"저, 왔어요."

미키는 그렇게 말하더니 한 번 더 머리를 숙였다.

"오면 온다고 연락이라도 하지. 내가 마중 나갈 텐데."

"미안해요."

타쿠로는 보리차를 끓여 미키 앞에 놓아준다.

"이젠 말할 수 있는 거야?"

미키는 고개를 끄덕이더니 모기 같은 목소리로 "예" 하고 대답한다.

묻고 싶은 말, 하고 싶은 말은 태산 같지만, 지금의 미키는 아직 그럴 정도는 아니다.

"치아키는 벌써 여름방학했겠네요."

"…… 응. 지금 2층에서 자고 있어."

미키는 안심하는 표정이었다. 아직도 치아키를 두려워하고 있다. '후우우' 길게 한숨을 쉬더니, 미키는 타쿠로의 얼굴을 마주 보았다.

"그날 밤의 일, 이야기할게요."

갑자기 미키는, 그렇게 말을 꺼냈다.

"나중에 해도 돼."

"아뇨, 지금 할게요."

"미키가 회복된 다음에 말해도 돼."

미키는 고개를 절레절레 흔들었다. "말해두고 싶어서요."라고 미키는 속삭이듯 말한다.

"요즘 꿈에서 나한테 얼굴을 바싹 들이대요."

왼손으로 오른손의 떨림을 누른다. 이번에는 양쪽 손이 떨린다. 미키가 떨고 있다.

"무서워. 나, 꿈속에서 하염없이 달려요. 무서워. 보고 싶지 않아. 그 여자의 얼굴은."

타쿠로는 유카리가 마지막으로 쓴 일기를 떠올린다.

"나, 머지않아, 그 얼굴을 보게 될 거예요. 틀림없이."

체념 같기도 하고, 각오 같기도 한 말투였다.

"그래서 그 전에 얘기해두려고요."

미키의 움푹 들어간 눈동자에서 희미하나마 강한 의지의 빛이 느껴졌다. 타쿠로는 더 이상 말리지 못했다. 미키는 말해주었다. 그날 밤, 묘지에서 생긴 일을.

그날 밤, 미키는 전화를 끊고, 곧장 손전등을 들고 묘지가 있는 곳으로 들어갔다. 타쿠로에게 강한 어투로 말한 건, 사실은 자신에게 용기를 주기 위해서였다. 심야에 묘지를 걷는 게 미키로서는 마치 눈보라가 몰아치는 날 차디찬 물에서 수영을 하는 격이었다. 당장이라도 얼어붙을 것만 같은 심장이 불규칙하게 수축을 되풀이하고 있었다.

다소 안심이 되는 점도 있었다. 미사코의 불단에서 기원하지 않았던가. 자신에게 '엄마'라는 호칭을 주십사하고. 엄마는 자식을 위해서라면 불구덩이 속이라도 뛰어든다. 미키는 지렁이를 몹시 싫어하지만, 엄마라면 지렁이가 우글대는 풀장이라도 뛰어들어야만 한다.

거기에 비하면 오히려 지금 상황이 백 번 낫다. 단지 유령을 상대할 뿐이다. 묘지가 꽉 들어찬 이곳에서 치아키를 구해내서 엄마로서 호되게 야단치리라. 엄마의 위엄을 보여주리라. 미키는 용기라고 쓰인 작은 풍선에 한껏 숨을 불어넣었다.

치아키를 부르려고 숨을 들이켰다가, 곧바로 그녀는 손으로 입을 막았다. 아니다. 치아키는 더 재밌어하면서 오히려 멀리 도망갈 것이다. 손전등 불빛 때문에 도리어 자신의 위치가 탄로날 염려가 있다. 손전등을 비추면 밤이 새도 치아키를 따라가지 못한다. 미키는 손전등을 끄고, 어둠 속을 손으로 짚어가면서 헤엄치듯 묘비 사이를 걸어갔다.

지금 돌이켜보면 무모한 행동이었지요. 미키는 쓴웃음을 지으며 타쿠로에게 그렇게 말했다.

묘비 사이를 5분 정도 걸었을까. 치아키의 기척이 있는지 바짝 귀를 기울였다. 너무 조용했다. 마치 여기에 자기 혼자만 있는 것 같다. 치아키는 어딘가에 숨을 죽이고 숨어 있을 것이다. 마구잡이로 뛰어다니다가 다치는 것보다는 차라리 낫다.

차가운 묘비에 손을 대면서 암흑 속을 걷자니 소곤소곤대는 아주 희미한 목소리가 들렸다.

치아키다. 미키는 숨을 멈췄다. 가만히 소리가 나는 방향으로 다가갔다. 심야의 묘지에서 혼잣말로 속삭이는 딸에게 엄마가 숨 죽이고 다가간다. 누가 이 광경을 봤다면 다음 날 바로 이 묘지에서 모녀의 유령이 나온다는 소문이 퍼질 것이다. 미키는 소리를 죽여 쓴웃음을 지었다.

치아키의 혼잣말은 숨도 쉬지 않고 계속되고 있다. 무슨 말을 하는지 알아들을 수 없을 정도로 빠른 말투다. 아무래도 이상하다. 가까이 다가갔는데도 목소리는 가까워지지 않았다. 일정한 거리가 유지된다는 느낌이 든다. 치아키가 알아차렸을까. 이젠 숨바꼭질 놀이도 싫다.

"치아키, 그만 집에 가자."

미키는 손전등 스위치를 켰다.

갑자기 부들부들 떨리는 미키의 어깨를 타쿠로가 세게 붙잡는다.

"미키, 왜 그래!"

미키는 자신의 손가락을 입에 물더니, 뚝 하고 밑으로 떨어질 듯한 눈으로 허공을 응시한다.

"뭘 봤는데?"

여기서 멈춘다면 미키는 또다시 말을 못할지도 모른다. 왠지 타쿠로는 그렇게 느꼈다. 미키의 떨림이 멈추었다.

"종이 연극이요."

"종이? 연극?"

미키의 입에서 튀어나온 말은 타쿠로가 예상했던 무시무시한 단어가 아니었다.

"어떤 여자가 치아키한테 종이 연극을 보여주고 있었어요."

즐비한 묘비가 한가운데서 종이 연극을 보여주는 여자. 순간, 타쿠로는 다리에서 목을 맨, 종이 연극을 했다는 남자를 떠올렸다.

"무척 키가 컸어요. 얼굴은 종이 연극을 하는 그림에 가려 보이지 않았는데 종이 그림을 넘길 때 손가락이 보였어요. 소름이 끼칠 만큼 길고 가는 손가락, 손톱도 길었어요. 그리고 반지도 보였어요. 그래서 여자인 줄 알았지요."

차갑게 덩어리진 굵은 땀이 타쿠로의 등허리를 타고 흘러내렸다. 그 여자는 대체 누구일까?

"종이 연극, 어떤 내용이었는데?"

"기억나질 않아요. 불가사의하게도 전혀 기억이 나질 않아요."

심야의 묘지에서 종이 연극을 하는 여자. 괴이하다. 그 여자가 유령인지 사람인지 확실하지 않지만, 어느 쪽이든 짚이는 데가 없다. 미사코일까 하는 생각도 해봤지만, 그녀는 미키가 묘사한 만큼 키가 크지 않다. 아무튼 전혀 모르는 여자다.

"하필이면, 왜, 나일까요?"

미키가 도움을 요청하는 눈빛으로 타쿠로를 바라본다. 눈부신 햇빛이 비쳐드는 거실이지만, 미키에겐 우중충한 분위기가 감돌고 있다. 미키를 감싸고 있는 회색 공기가 실내를 서서히 잠식해 나가고 있다. '미키는 햇빛이 비치지 않는 세계에서 오랫동안 두문불출했다.' 타쿠로는 그런 느낌이 들었다. 타쿠로는 미키의 어깨를 다정하게 감쌌다. 마네킹 같은 차가운 감촉이 들었다.

"계속 보고 있어."

"응?"

덜덜덜.

미키가 크게 경련했다.

"미키!"

미키는 고개를 비스듬히 한 채, 눈은 어느 한 점을 바라보며 입을 헤벌리고 있다. 조정하는 사람이 없는 복화술 인형처럼. 오백엔짜리 동전만큼 벌어진 미키의 눈을 따라가자 거실 문 틈새로 시퍼런 얼굴이 엿보고 있다.

"치아키!"

타쿠로가 문을 열자 복도에 그림용 종이를 한 뭉치 든 치아키가 서 있다. 자신의 얼굴을 '얼굴'로 가린 채. 치아키는 미키 앞에 서서 마치 종이 연극을 보여주듯이 한 장 한 장 종이를 넘겼다. 시퍼런 얼굴이, 그 다음 종이에도 시퍼런 얼굴이, 전부 시퍼런 얼굴이었다.

종이를 넘기는 손동작이 점차 빨라졌다. 도저히 믿을 수 없는 속도다. 시퍼런 얼굴의 여자는 치아키의 손안에서 눈이 휘둥그레질 만큼 빠르게 변모한다. 무표정에서 웃는 얼굴로, 웃는 얼굴에서 미친 듯이 웃는 얼굴로, 마지막에는 입을 크게 벌리고 절규했다.

치아키는 마지막 그림을 자신의 얼굴에 갖다 대고는 미키의 눈앞에서 절규했다. 미키는 두 손으로 양쪽 귀를 막고는, 눈을 감고 치아키와 똑같이 절규했다.

"치아키! 너 도대체 무슨 귀신이 붙은 거야!"

치아키의 몸을 뒤에서 껴안고 타쿠로도 절규했다. 치아키는 타쿠로의 손을 뿌리치더니 2층으로 올라가고 있다. 타쿠로의 곁에서는 미키가 천장을 보고 누운 채 흰자위를 드러내고 실신하고 말았다. 마치, 발밑에 흩뿌려진 시퍼런 얼굴처럼.

소파에 미키를 누이고, 타쿠로는 계단을 올려다본다. 치아키가 '시퍼런 얼굴'로 내려다보고 있다. 타쿠로가 무서운 표정을 짓자 제 방으로 도망치듯 들어간다.

그는 발밑에 떨어진 시퍼런 얼굴 한 장을 집어 들었다. 이 얼굴에 가정이 미쳐가고 일상생활이 미쳐간다.

미사코가 죽고, 치아키는 변했다. 미사코가 남긴 이 얼굴을 흉내 내 그리면서 치아키는 섬뜩한 아이가 되어갔다. 타쿠로는 일부러 발자국 소리를 크게 내면서 층계를 올라간다.

치아키의 방에 가는 게 아니다. 미사코의 방으로 향했다. 그는 두 번 다시 들어가고 싶지 않았던 미사코의 방문을 난폭하게 열어젖혔다. 그런 그를 멍청하게 만드는 적막함이 실내에 가득 차 있다.

"미사코, 어디 있어?"

아무도 대답하지 않는다. 그래도 타쿠로는 계속했다.

"지금 일어나고 있는 사태에 당신이 무슨 관계가 있는 거야? 미사코, 난 당신을 믿고 싶어. 당신이 우리 가족을 미치게 한다고는 생각하기 싫어. 지금 이 시간부터 당신의 모든 것을 알아야겠어. 이 방도 손대지 않으려고 했는데, 이젠 그렇게 못 해. 원한을 품는다면 차라리 나한테 품으란 말이야!"

타쿠로는 미사코의 방 안에서 '해답'을 찾을 작정이었다.

이리저리 어지럽혀진 방 안에서 막연한 답을 찾기란 쉽지 않다. 그래도 반나절을 허비한 덕분에 간신히 대답이 될 만한 것을 발견했다. '아이와 노인을 위한 생활 모임'이라고 적혀 있는 명함이다. 기타지마 로쿠사브로 라는 회장의 이름, 모임의 주소와 전화번호

가 쓰여 있다. 주소는 도쿄 미타카三鷹시 이노카시라井の頭.

타쿠로는 그 주소를 보고 비로소 어떤 기억이 떠올랐다. 결혼하고 6개월쯤 지나서였다. 미사코는 대학 친구에게 이끌려 미타카다이三鷹台 역 근처에 있는 그림책 만드는 모임의 회원이 되었다고 말한 적이 있다. 그 산책로에서 미사코는 할머니들이 전해 들은 이야기들을 그림책으로 만들어보고 싶다고 했다. 하긴, 미사코의 할머니가 요괴를 봤다는 이야기 따위를 그림책으로 만들면 재미있을 것도 같았다. 미사코는 일하는 틈틈이 그림책을 만드는 데 열중했고, 한동안 미타카다이 역까지 오가곤 했다. 그림책이 완성되면 맨 먼저 보여달라고 할 참이었다.

"그림책 언제 완성되는 거야?"

어느 날 저녁을 먹으면서 물어보았다.

"그 모임, 그만 뒀어."

미사코는 쌀쌀맞게 대답했다. 그리고 대화는 거기서 끝났다. 미사코는 더 이상 그 이야기는 하지 말자는 표정이었다.

돌이켜보니 그때의 대화가 왠지 신경이 쓰인다. 타쿠로는 명함을 응시했다.

다음 날, 미타카다이 역에 있다는 모임을 찾아갔다. 1층이 부동산 중개소인 작은 빌딩의 3층에 '아이와 노인을 위한 생활 모임'이라고 쓰인 나무 팻말이 붙어 있다. 인터폰을 누르자 안에서 뚱뚱한 중년 여자가 얼굴을 내밀었다.

미사코의 이름을 대자 여자는 놀란 얼굴로 타쿠로에게 잠시 기다리라고 말했다. 조금 있다가 안에서 70대 가량의 백발노인이 나타났다.

"모임의 회장을 맡고 있는 기타지마 로쿠사브로입니다. 미사코 씨의 남편 되세요?"

"예. 타쿠로라고 합니다. 갑자기 찾아와서 죄송합니다."

기타지마 노인은 다리가 불편한지 지팡이를 짚고 있다. 그 모습이 마치 옛날이야기에 나오는 마을 촌로를 닮았다.

타쿠로는 문에 접견실이라고 쓰인 다다미가 깔린 방으로 안내되었다. 다른 방에서 책을 낭독하는 소리가 들려온다.

"우리 모임은 옛날이야기로 그림책을 만들어 양로원이나 학교에 제공하고 있어요. 특히 나 같은 노인네들은 지방 사투리를 그대로 살린 그림책을 아주 좋아하지요."

"미사코는 옛날부터 그림책을 만들고 싶어했습니다."

"그랬지요. 우리 모임에서는 그림책 낭독도 하고 있는데, 미사코 씨는 그것도 아주 잘했어요."

아까 타쿠로는 미사코가 죽었다는 말을 했다. 기타지마 노인은 남편 혼자 찾아온 것이 안타까운 표정이었다.

"정말 안타깝네요. 애들한테도 노인한테도 인기가 많았는데."

"이 모임을 그만둔 이유를 혹시 알고 계시나요?"

"아이도 생겼고 일도 바빠졌다고 하더군요. 그게 이유라고 생각하는데."

"아, 참."

기타지마 노인은 갑자기 생각난 듯 손을 탁하고 친다.

"지금 생각해보니 함께 온 사람도 같은 날에 그만뒀어요"

"함께 오던 사람이 있었어요?"

"미사코 씨랑 대학 친구라던데. 그 친구도 그 후로 오지 않았어요."

"혹시, 그 친구라는 사람의 이름을 알고 계십니까?"

대학 동창이라면 타쿠로가 아는 사람인지도 모른다. 다 아는 친구일 가능성도 있다.

"마야미, 약간 야단스러웠지만 좋은 사람이었죠."

"마야미? 유미쿠라 마야미 말입니까?"

"그래요. 그럼 댁도 친구요?"

친구는 아니다. 대학 다닐 때 이름을 자주 들은 여자다. 마야미는 희한한 여자로 이름이 나 있었다. 머리는 좋다고 하는데, 그녀의 머릿속에는 일반 상식이라는 단어가 없었다. 그녀는 혼자서만 클럽 활동을 했다. 자신을 신으로 숭배하는 클럽이었다. 자신을 위해서 제단을 쌓고, 종이 점토로 자신을 본뜬 조각상을 만들어 대학교 정문에 진열하는 행위를 반복했다. 반라 차림에 온몸을 금색으로 칠하고 교정을 배회하는 해괴한 퍼포먼스도 했다.

처음에는 모던 아트로 간주된 부분도 있었지만, 그녀의 행동은 주위에 나쁜 영향을 끼쳤다. 그녀의 퍼포먼스를 보고 실신하는 사람이 나오기 시작했다. 학교 측에서 몇 번이나 그런 행동을 중지하라고 요구했지만, 마야미는 말을 듣지 않았다. 괴상하기 짝이 없는 그녀에게 아무도 다가가려 하지 않았다.

그런 그녀에게 흥미를 가지고 다가간 사람이 바로 미사코였다. 미사코는 언젠가 그녀와 공동 작품을 만들고 싶다고 입버릇처럼 말했다. 졸업 후 타쿠로는 마야미의 일을 잊어버렸지만, 미사코는 연락을 주고받고 있었다.

"미사코와 마야미는 사이가 아주 좋았지요. 공동으로 종이 연극을 제작했어요."

"종이 연극을요?"

"마야미가 우리 모임에 들어온 이유는 종이 연극을 만들고 싶어서였대요."

여기에 오길 잘했다. 타쿠로는 흥분에 몸이 떨렸다. 이렇게 빨리 '대답'을 얻을 줄은 상상도 못 했다. 정확히 말하자면, 아직 정답은 아니다. 하지만 정답에 한 발 다가선 것은 분명하다.

"두 사람이 서로 스토리를 첨가하는 희한한 방식으로 제작했어요. 완성했는지 모르겠네. 마야미가 가져가버렸는데."

"마야미의 연락처를 알고 계십니까?"

기타지마 노인은 미안한 듯 고개를 옆으로 흔들었다.

"회원 명부에 적혀 있는 전화번호로는 연결이 안 돼요. 미안하네요."

"아, 아닙니다. 이름만으로 충분합니다."

타쿠로는 정중히 예의를 표하고 그곳을 나왔다. 타쿠로는 비로소 알았다. 시퍼런 얼굴의 정체를. 치아키는 아주 닮게 그렸다. 미사코는 더 자세하게 그렸다. 생각하면 할수록 너무 닮았다. 그 얼굴은, 마야미다.

타쿠로는 집에 돌아오자마자 곧장 서재로 향했다. 미키는 소파에서 자고 있다. 실신했을 때의 자세 그대로다. 깨우지 않으려고 타쿠로는 발소리를 죽이며 2층으로 올라갔다.

치아키방 방문을 노크한다. 대답이 없다. 문을 연다. 치아키는 침대 위에서 펼쳐놓은 스케치북을 베개 삼아 쿨쿨 자고 있다. 치아키가 깰까봐 타쿠로는 살짝 문을 닫는다.

타쿠로는 안도의 한숨을 내쉬고 본래의 목적 장소인 미사코의 방문을 연다. 커튼으로 가려진 벽면을 바라보지 않으면서 미사코의 숄더백을 뒤져본다. 안에서 나온 수첩과 핸드폰에서 마야미의 이름을 찾는다.

휴대폰에는 이름이 없다. 하지만 수첩 주소록 'ㅇ' 행에 새까맣게 덧칠해 지운 부분이 있다. 앞뒤의 이름으로 유추해볼 때 거기에 마야미의 이름이 있었을 것이다. 이름이 거칠게 지워진 것으로 보아 타쿠로는 두 사람 사이에 무슨 일이 있었음을 직감했다. 역시 지금까지의 재난에 마야미가 관련된 것일까.

타쿠로는 자동차 키를 들고 다시 집을 나섰다.

요코하마 시내에 있는 모 공예대학. 타쿠로가 이곳을 찾은 건 졸업 후 처음이다. 마야미와 친하게 지낸 사람은 미사코 외는 없다. 하지만 미사코보다 마야미와 깊게 교제한 사람이 있다. 미술학과 교수인 니무라.

니무라는 아직 이곳에서 강의를 하고 있다. 작년에 조교수에서 교수로 승진했다고 한다.

학교 담당자에게 니무라를 만나러 왔다고 하자, 10분쯤 지나 그가 모습을 나타냈다. 새가 둥지를 튼 듯 헝클어진 머리칼에 여기저기 물감이 튄 하얀 가운. 한눈에도 미술 계통에 종사하는 사람이라는 걸 알 수 있다.

타쿠로는 명함을 건네며 자신이 이 학교 졸업생이며 미사코의 남편이라고 밝혔다. 니무라는 미사코를 잘 아는 모양으로, "미사코도 왔나."라며 주위를 두리번거렸다. 안내 받은 그림 전시실에서 타쿠로는 미사코가 죽었다고 말해주었다. 니무라는 고개를 가볍게 끄덕이더니 "그래요."라고 말했다. 그러더니 자리에서 일어나 타쿠로를 남겨놓은 채 안쪽에 있는 방으로 들어갔다.

타쿠로는 눈으로 전시실을 둘러본다. 재학생들의 작품이 벽에 나란히 진열되어 있다.

대학 다닐 때 미사코가 자신의 그림을 그에게 보여준 기억이 떠오른다. 타쿠로가 쓴 소설의 표지 그림을 그리고 싶다, 그러니 자신의 그림을 봐줬으면 좋겠다며 미사코가 팔을 잡아끄는 바람에 여기에 왔었다.

졸업생 작품도 몇 작품 걸려 있지만, 미사코의 그림은 없었다.

니무라는 보리차를 들고 안쪽 방에서 나왔다.

"난, 미사코의 사실적인 그림이 맘에 들었어요. 돌을 보고 단순히 보이는 대로 그리는 게 아니라, 왜 거기에 그런 형태로 놓여 있는지를 제대로 이해한 후에야 그림을 그렸지요. 그래서 미사코의 그림은 돌을 육안으로 봤다기보다는 돌의 본질을 포착했다고 말할 수 있어요. 프랑스의 사실주의 화가인 쿠르베는 "천사를 본 적이 없기에 그릴 수 없다." 고 말했죠. 만일 미사코라면 천사가 이 세상에 존재하는 본질을 꿰뚫어 볼 수 있을 테니 진짜 천사를 그릴 수 있었을지도 몰라요. 미사코가 환상의 세계를 그리면 이미 환상이 아닌 게 되죠. 내가 봐도 보기 드문 아티스트였어요."

잘은 모르지만, 타쿠로의 귀에는 여하튼 미사코를 칭찬하는 소리로 들렸다. 그는 타쿠로에게 말한다기보다는 마치 옛날을 떠올리며 혼잣말을 하는 듯했다.

"혹시, 마야미 라고 아시는지요?"

멀리 시선을 주고 있던 니무라의 표정이 갑자기 바뀌었다.

"무슨, 일로?"

"별일은 아녜요. 미사코가 생전에 신세를 졌던 것 같아 연락이나 해보려고요."

니무라의 표정이 불쾌하다고 말하고 있다.

"그래요? 미사코는 계속 마야미를 만났군요."

니무라는 불길하다는 듯이 말했다.

"나는 예전에 마야미와 인연을 끊었어요. 연락처도 사는 곳도 몰라요."

인연을 끊었다니, 이상한 말투다.

"마야미는 소질은 있었어요. 그런데 소질에도 세상에 내놓을 수 있는 게 따로 있는 법이지요. 혹시, 마야미의 작품을 본 적이 있나요?"

"대학교 축제 때 얼핏 본 적이 있어요."

"그런 거 말고요. 난 마야미가 졸업하기를 학수고대했어요. 그리곤 바로 그녀의 창작물을 전부 처분해버렸어요. 광기 어린 그녀의 산물을 언제까지나 신성한 상아탑에 놔둘 수는 없는 노릇이기에. 미사코가 죽은 건 마야미 탓이에요."

니무라는 확신에 찬 말투로 말했다.

"무슨 뜻으로 그런 말씀을 하시는지······."

"이유 따윈 없어요. 마야미와 친하게 지냈다는 것만으로도 충분한 이유가 된다는 말입니다. 그래서 미사코가 그런 불행에 빠진 거지요."

마야미와 사귄 게 불행의 원인이 되었다니.

"마야미의 작품은 사람의 기억에 오래도록 남아요. 아마, 영원히. 내 손으로 분명히 처분했는데……. 지금도 생생해요. 가끔은 꿈에도 나타나요. 광기 어린 악몽을 구체화한 것이거든요. 마야미의 내면에 도사리고 있는 광기의 세계를 조형물로 만들어낸 거지요."

치아키가 그린 예의 시퍼런 얼굴도 사람의 기억에 달라붙어 떨어지지 않는다. 마야미의 예술도 똑같은 영향력을 갖고 있다. 아니, 그뿐만이 아니다. 마야미 얼굴 자체가 사람의 기억에 오래 남을 얼굴이다.

그래도 의외였다. 니무라는 마야미를 이해하는 유일한 사람이라고 생각했다. 하지만 그는 극도로 그녀를 기피하고 있다.

"그런데, 뭣 때문에 마야미의 연락처를 알고 싶은 거예요?"

"그게……. 미사코의 일도 알려줘야 하고, 겸사겸사해서요."

"굳이 알 필요는 없어요."

막혔다. 더듬어가던 실이 갑자기 끊어졌다. 타쿠로는 당황했다.

"혹시, 일신교―*身教*라고, 들어봤어요?"

맞다. 일신교였다.

"마야미 혼자만 활동했던, 그녀가 만든 클럽 이름이었지요. 혼자만의 클럽이라는 게 모순이기는 하지만."

그런 비슷한 글자가 적힌 깃발을 들고 교정을 이리저리 달려다니던 마야미를 본 적이 있다.

"마야미의 작품을 직접 보는 게 낫겠군. 이리로 와봐요."

니무라는 그렇게 말하고는 전시실을 나갔다. 타쿠로도 어정쩡하게 그의 뒤를 따른다. 교정은 타쿠로가 재학 중일 때와 별반 달라진 게 없다. 추억을 떠올리며 천천히 돌아보고 싶지만, 여기에 온 목적은 그게 아니다. 게다가 지금은 니무라를 뒤따라가는 것만으로도 마음의 여유가 없다.

"작품을 전부 처분했다고 하셨잖아요?"

"처분이라는 말은 봉인을 뜻하지요. 너무 두려워서 때려 부수기도, 불태우기도 주저하게 되더군요. 만일 그런 짓을 한다면 나는 평생 그녀의 작품으로 인한 몹쓸 기억에 몸서리칠 걸요. 예술은 다른 사람이 봐주어야 해요. 타인의 눈에 띄지 못하도록 봉인했다는 건 그 작품을 죽인 거나 다름없지요. 자, 다 왔네요."

조형 공방이었다. 타쿠로는 한 번도 들어가 본 적이 없었다. 니무라는 공방 안쪽에 위치한 오래된 창고 문 앞에 섰다.

"어떤 면에서는 이 공방이 마야미의 전용 작업실이었어요."

니무라는 가운 주머니에서 녹슨 열쇠를 꺼내 타쿠로에게 건네주었다.

"들어가봐요. 다 보고 나서 5B동에 있는 유화학과 실습실로 열쇠를 가져오면 됩니다."

그렇게 말한 니무라는 종종걸음으로 그 자리를 빠져나갔다.

창고 문의 격자 유리에는 양손을 치켜든 사람의 그림자가 어른거리고 있다. 초반부터 오싹하다. 마야미는 여기서 대체 어떤 광기를 짜내고 있었을까.

열쇠 구멍에 열쇠를 꽂는다, 몇 번 비트니까 '찰칵' 하는 큰 소리가 났다. 손잡이를 잡고 당겼지만 꿈쩍도 하지 않는다. 오랫동안 열지 않았기 때문이리라. 니무라의 언행으로 볼 때 마야미가 졸업한 후에는 단 한 번도 열어보지 않았을 것이다.

문의 아랫부분을 발로 차고, 손으로 밀고 했더니 조금씩 문이 열렸다. 문 틈새로 커다란 바퀴벌레가 재빨리 도망갔다.

안은 어두웠다. 타쿠로는 문틈으로 간신히 손을 집어넣고, 벽에 있는 전기 스위치를 찾았다. 비슷한 게 손에 잡혀 누르자 노란 불빛이 방을 밝힌다. 그가 아무리 애를 써도 그 이상 창고 문이 열리지 않아 틈새로 안을 엿본다.

초반부터 충격이었다. 바로 눈앞에 거꾸로 선 전라의 여자가 있다. 마야미의 등신상이 그려진 패널이었다. 전라의 모습으로 거꾸로 서 있는 그녀는 사타구니에 석고로 만든 가면을 채우고, 자신의 얼굴은 새까맣게 칠해놓았다.

마야미 자신이 먼저 타쿠로를 마중 나왔다. 그는 숨을 깊게 들이마셨다 내뱉었다. 그리고 틈새로 몸을 밀어 넣어 미끄러지듯 간신히 안으로 들어갔다. 창고는 니무라가 말한 대로 '광기'로 가득 차 있었다.

 선반에는 마야미의 작품이 먼지를 푹 뒤집어쓰고 나란히 진열되어 있다. 작품 아랫부분에는 작품명이 쓰인 종이가 붙어 있다.

 타쿠로는 그중 하나를 손에 들고 먼지를 불어 떨어냈다. '광포狂怖'라고 명명된 괴상한 조각. 미칠 지경으로 오싹하다는 의미다. 종이 점토로 만든 일그러진 사람의 모습은 수많은 잇자국이 심하게 패여 있다. 아마 제작자가 물어뜯은 자국이리라.

 얼굴이 새빨갛게 칠해진 마네킹의 목도 있다. 작품명은 '의식儀式'이다.

 그밖에도 바퀴벌레 수십 마리가 배를 깔고 덕지덕지 붙어 있는 작품, 자신의 머리를 본뜬 수십 개의 조형물을 세탁물처럼 늘어뜨린 오브제, 손톱만 심플하게 붙여놓은 점토 덩어리, 항아리에 가득 찬 정체를 알 수 없는 것, 작은 파리의 시체가 모래 대신에 사용된 '파리 시계' 따위가 놓여 있다.

 하지만 이 정도라면 기인이라는 취급을 받는 정도로 끝나고 말 것이다. 좀 더 안쪽에는 마야미가 그린 그림들이 있었다. 정말 꿈에 볼까 무서운 그림뿐이다. 빨강과 검정이 너울대며 일그러지고 찌그러진 얼굴, 얼굴이 도려내진 발레리나, 침이 수백 개나 꽂힌 절단된 손과 발……

 그중에 판자에 붙어 있는 커다란 그림이 있다. 황금색 제단을 그린 듯한 그림이다. 그로테스크하다기보다는 오히려 아름답게 느껴졌다. 자세히 보니 그림의 가운데가 열리도록 해놓았다. 제단화, 라는 게 이걸까.

그림을 열자 새까만 잇몸을 드러낸 마야미의 얼굴이 화면 가득 그려져 있다. 안에는 오래된 책상이 있다. 그 위에는 비디오테이프 수십 개와 앨범 한 권이 놓여 있다. 이것들도 그녀의 예술 작품일까.

비디오테이프에는 '쓸개즙', '부패하는 과정', '껍질을 벗기다' 등 전혀 보고 싶지 않은 제목이 붙어 있다.

그는 앨범을 손에 들어본다. 표지에는 파리와 나방 따위가 날개를 펼친 채 죽어 있다. 벌레의 시체를 훅 불어 떨어뜨리자 비로소 앨범의 타이틀이 그의 눈에 들어왔다.

'껍질을 벗기다.'

타쿠로는 기분 나쁜 예감이 들었지만 앨범을 들춰본다. 사진이다. 그런데 무슨 사진인지 잘 모르겠다. 사진 옆에 쓰인 작은 글씨를 읽는다. 무슨 기록인지 짐작이 갔다. 짐작이 가는 순간 토할 것 같이 위장이 울렁거렸다. 목구멍으로 위액이 치고 올라왔다.

타이틀의 의미, 그대로였다. 더 이상 그 자리에 있을 수 없었다.

타쿠로가 유화학과 실습실에 열쇠를 돌려주려고 갔을 때 니무라는 책상 위에서 그림 조각을 맞추고 있었다. 500피스짜리 그림 퍼즐이지만, 아직 절반도 채 완성되지 않았다. 시간을 때우고 있는 모양이다.

"다 봤어요?"

"예, 우선은."

"생각보다 담담한 표정이네요."

진짜로 다 봤는지 의심하는 말투다.

"사람들의 혐오감을 유발하는 작품을 제작하는, 그런 클럽이었나요?"

"정말 다 본 게 맞아요?"

"예……."

"경전도요?"

"경전이요? 앨범은 있던데."

니무라는 안색이 창백해진다.

"책상 위도 제대로 봤어요?"

"예, 그림 안쪽에 있는 책상 말이지요? 앨범과 비디오테이프밖에 없던데요."

"잠깐 여기서 기다려요."

니무라는 열쇠를 쥐고는 실습실을 나갔다. 10분, 20분, 30분이 지나도 니무라는 돌아오지 않았다. 허둥대는 니무라의 모습이 예사롭지 않다. 니무라에게 무슨 일이라도 생긴 걸까. 타쿠로는 자리에서 일어나 공방으로 향했다.

니무라는 창고 문 앞에서 멍하니 서 있었다. 타쿠로가 온 것을 알고 금방이라도 울 듯한 표정이 됐다.

"대체 그런 걸 누가 가져간 거야!"

"뭐가 없어지기라도 했나요?"

"마야미가 직접 쓴 일신교 경전이 없어졌어요."

니무라는 '염병할'이라며 혼잣말을 했다.

"바깥으로 나돌면 곤란한가요?"

"…… '너무 훌륭한 작품'이라고 그러더군요."

"그러다니요? 누가 말입니까?"

"나도 내용은 몰라요. 읽어보지 않았으니까. 내가 아직 강사로 있을 땐데, 자기가 봐도 훌륭한, 예술의 최종 작품이 완성되었다고 미친 듯이 기뻐하면서 마야미가 손으로 직접 제작한 책을 나한테 가져왔어요."

마야미의 감각으로 본 '훌륭함'은 일반적인 '훌륭함'과는 거리가 멀 것이다. 창고에 있던 괴이한 조각, 오싹한 기형물에서 타쿠로가 받은 감상은 구역질나는 혐오감뿐이었다.

"안 보신 이유라도?"

"두려웠지요. 혹시 내가 미칠까봐. 마야미가 제작하는 건 악몽이에요. 그 악몽이 죽을 때까지 내 기억에 따라붙는다면 틀림없이 미치고 말 거예요."

"그래서 창고에 넣어……."

니무라는 고개를 끄덕이더니 불길한 듯이 창고 문을 바라본다.

"끊임없이 광기를 추구한 마야미의 작품은 보는 사람한테 심각한 영향을 줍니다. 주술적인 힘을 가졌거든요. 아티스트가 미쳤다는 이야기는 종종 있잖아요. 그런데 보는 사람을 미치게 만드는 작품은 나도 처음 봤어요."

일신교 경전. 도대체 어느 정도의 광기로 빚어낸 작품일까.

"본인의 입으로 훌륭하다고 말할 정도니 광기가 이만저만한 게 아닐 거예요. 그게 사라지다니."

니무라는 두 손으로 머리를 감싸더니 절망적인 눈동자로 몸을 떨고 있다.

"틀림없이 후회할 겁니다."

니무라는 가운의 주머니에서 노트 한 귀퉁이를 찢은 메모를 꺼내 타쿠로에게 건네준다. 종이에는 마야미의 주소가 적혀 있다. 니무라는 충고하듯 타쿠로에게 말했다.

"마야미가 최종적으로 완성한 예술, 그걸 절대로 봐서는 안 돼요."

앞으로 한 시간 정도면 깜깜해진다. 군청색 하늘이 그렇게 알려주고 있다. 흩어져 날던 새들은 하늘이 깜깜해지기 전에 어느새 자취를 감추었다.

찰찰찰.

밟을 때마다 그 소리가 귀에 들린다. 늘 다니는 산책로다. 강물은 군청색 하늘을 비추고 있지만 여전히 시커멓다. 좁은 수로교가 보인다. 매일 밤 만나는 익숙한 다리지만 직접 건너보기는 처음이다. 다리 폭이 좁아 타쿠로는 몸을 웅크리고 걷는다. 다리 밑을 통과하는 배수관에 자신의 발소리가 울리면서 그 소리가 타쿠로보다 한 발씩 앞서 걷고 있다.

다리를 건너자 그의 발은 또다시 자갈길을 밟는다. 늘 다니던 산책로 맞은편 방향에 그가 서 있다. 단지 그뿐인데, 모든 게 거꾸로 된 거울의 세계로 빨려 들어간 것처럼 기묘한 느낌이 든다.

눈앞에는 2층으로 된 낡은 아파트가 있다. 계단 손잡이를 만져 보니 푸석하게 녹이 묻어난다. 그는 계단에 발을 디디면서 혹시 계단이 푹 꺼지진 않을까 걱정이 앞선다.

2층에는 문이 세 개 있다. 문 두 개는 문패가 없다. 맨 구석에 있는 문에 '유미쿠라'라는 문패가 걸려 있다.

타쿠로는 문을 두드릴까 망설인다. 마야미가 여전히 광기 어린 예술을 추구하고 있을까.

마음을 먹고, 문을 두드린다.

대답이 없다. 이제는 아무도 살지 않는 집인지도 모른다. 그런 느낌이 들었다. 문 옆에 있는 유리 창문 너머로 사람 그림자가 비친다.

"누구야?"

심하게 쉰 여자의 목소리다.

"실례합니다, 타쿠로라고 하는데요, 저, 대학 다닐 때 친구였거든요."

"마야미한테는 친구가 없어요!"

타쿠로는 말문이 막혔다. 유리 창문에서 그림자가 사라지더니 문을 건 자물쇠를 푸는 소리가 났다. 천천히 열리는 문 틈새로 해골 같은 노파가 얼굴을 내밀었다.

"호허허"

노파가 살짝 웃자 이마에 팬 주름의 골이 더 깊어진다. 타쿠로는 머리를 숙여 인사한다.

"마야미 씨를 만나러 왔습니다만."

"예, 어서 오세요, 자, 안으로 들어와요."

갑자기 친절하게 대해주니 오히려 찜찜한 기분이다. 문 틈새로 곰팡이 냄새 같은 시큼털털한 냄새가 풍겨왔다. 이런저런 이유를 대며 들어가기를 주저하고 있자니, 싸늘하고 야윈 손이 타쿠로의 손을 잡고 집 안으로 끌어당겼다.

"날벌레가 날아 들어오니까 어서 들어와요."

신발을 벗을 시간도 없이 그는 실내로 떠밀렸다. 부엌은 쓰레기로 가득 차 있다. 타쿠로의 시야에 들어온 검은 생명체들이 일제히 허공으로 흩어졌다. 그 일부가 부엌에서 역겨운 냄새를 풍기는 식기 더미에 앉아 촉수로 더듬고 있다.

안쪽에 있는 방은 더 심했다. 책장과 깨진 화장대, 누렇게 변한 이불과 난방기구. 그것만으로도 방은 꽉 차 있었다.

노파의 이름은 유미쿠라 가즈에, 마야미의 모친이었다. 나이 차가 많이 나는 모녀다. 아무리 봐도 칠팔십대로 보였다. 머리는 검은 머리칼을 찾아볼 수 없을 만큼 백발이 성성하다. 수십 년 동안 한 번도 안 자른 듯 허리까지 머리칼이 뻗쳐 있다. 그 모습이 꼭 산속에서 혼자 사는 유령 같다.

노파는 더럽게 때가 낀 유리잔에 보리차를 담아 "어서 들라." 며 타쿠로에게 권했다. 부엌에 기어 다니는 벌레들이 이 유리잔을 들락거렸을 걸 생각하니 목이 말라도 입을 댈 엄두가 나지 않았다. 타쿠로의 옆에 앉은 노파는 립스틱을 바르기 시작했다. 이상한 일이 벌어지기 전에 그는 여기에 온 이유를 재빨리 설명했다.

"그랬군요. 마야미는 자신의 이야기를 일체 하지 않아요. 그런 클럽 활동이나 친구 일도 처음 들어보네요."

"마야미 씨는 지금 어디에 있나요?"

"몰라요."

예상도 못 한 대답이다. 딸은 죽었어요, 라는 말이라도 듣는 것 같았다.

"집을 나가선, 돌아오지 않아요."

가출했단 뜻일까. 노파는 심술궂은 웃음을 띤다.

"좋아하는 사람과 재회할지도 모른다는, 엉뚱한 소릴 하더라고요."

좋아하는 사람? 마야미에게 좋아하는 남자가 있었다? 그 남자도 참 불쌍하다.

"나도 깜짝 놀랐어요. 마야미가 남자를 좋아하다니, 지금까지 그런 일이 없었거든요. 그 후로 몇 년 동안 연락이 없어요. 내 생각엔 그 남자에게 속아서 살해되지 않았나 싶어요."

자신의 딸이 살해되었다고, 노파는 간들거리게 웃으며 말한다. 도저히 엄마의 태도가 아니다. 타쿠로는 노파의 핥는 듯한 시선에서 벗어나려고 방 안을 휘둘러본다. 작은 방안에 의외로 커다란 책장이 있다. 타쿠로가 책장을 바라보고 있으니까 노파가 웃음을 섞어 말했다.

"그 애는 책벌레였어요. 한번은 책이 자리를 너무 차지해서 버리겠다고 하니까, 날 죽일 듯이 날뛰더라고요."

"잠깐 구경해도 될까요?"

"그래요."

책장에는 흥미를 끄는 책이 많았다. <동물 심벌 사전>, <일본의 토템 문화>, <비밀 동물도감>, <사후 관념의 원시적 형태>, <유령의 민속학>

마야미는 대체 무엇에 관심을 가지고 있었을까. 신경이 쓰이는 책이 한 권 있었다. 검은 표지의 두꺼운 책. 표지에 셀로판테이프로 손톱을 붙여놓았다.

이 비슷한 걸 오늘, 다른 데서 봤다. 설마라고 생각하면서, 타쿠로는 표지에 쓰인 닳아서 해진 글자에 눈을 바짝 댄다.

'일신교 경전– 마야미즘.'

니무라가 찾던 경전이다. 대학 창고에서 사라진 책과 똑같은 것일까. 그게 왜 이 집에 있는 거지. 졸업 후 마야미가 그 창고에서 집으로 가져왔을까.

책은 마야미의 개인적인 어록과 마법 용어로 가득 차 있었다. 타쿠로의 집에도 마법 관련 자료가 있지만, 이 집에는 그 수십 배 분량의 자료가 있다. 그 자료에서 얻은 왜곡된 지식을, 마야미는 자작 경전에 채워놓았다.

이집트의 태양신 숭배, 그노시스, 유대교 신비주의 사상인 카발라, 중국 혹은 부두교의 주술, 음양교 등등 경전에는 별의별 게 다 쓰여 있다.

곳곳에 '나'라고 표현된 부분은, 아마 마야미 자신을 말하는 것으로, '나'가 육체에서 해방되면 엄청난 '신'의 존재가 된다, 라는 내용이 쓰여 있다. 죽으면 신이 된다. 죽고 나면 육체에서 썩어빠진 영혼과 내장이 도려내지고 정령의 힘으로 새롭게 채워진다. 그리고 '나'는 인간을 초월한 존재로 거듭난다.

샤머니즘에 기초한 사고방식이다. 그 외에도 동서고금의 주술 인형을 제작하는 방법, 가끔 섞여 있는 '나'의 창작 오브제, 심지어 네 컷 만화까지 있다.

황당무계한 내용. 엉망진창인 문법. 보기만 해도 불안감을 불러일으키는 키워드. 타쿠로는 읽고 있는 것만으로도 머리칼을 벅벅

휘젓고 싶어진다.

 이 경전에 쓰여 있는 것을 모두 이해하는 사람이 있다면, 마야미에게 뒤지지 않는 미친 세계관을 소유한 사람일 것이다.

 만일, 이 책으로 독후감을 적는다면, 다음 한 줄로 끝난다.

 "두 번 다시 읽고 싶지 않다."

 타쿠로는 희대의 미치광이 서적을 책장에 다시 꽂아놓았다. 책장은 양옆으로 펼쳐지는 슬라이드 식이었다. 가운데 책장에는 소설 따위의 단행본이 빼곡히 들어차 있다.

 에드거 앨런 포, 러브크래프트, 타네무라 스에히로, 시부사와 타츠히코, 호러소설과 판타지소설의 거장들이 쓴 책이 즐비하다. 그 중에는 타쿠로의 책도 있었다. 타쿠로의 팬 중에는 특이한 사람이 많지만, 세상에서 가장 오싹한 인간이 그의 팬일 줄이야.

 마야미는 타쿠로의 열광적인 팬이었던 모양이다. 타쿠로가 에세이를 쓴 잡지도 연재가 끝나는 시점까지 전부 모아놓았다. 그가 사인한 책도 있다. 책 사인회에 그녀가 왔다는 증거다.

 타쿠로가 갑자기 우왓, 하고 소리를 냈다. 등 뒤로 끈적거리며 달라붙는 습도를 느낀다. 당장이라도 뒤에서 누군가 끌어안을 것 같은 습도. 마야미의 책장에 정신을 빼놓고 있던 터라 등 뒤에서 엿보고 있는 시선을 미처 알아차리지 못했다.

 노파가 약간 괴이하다. 역시 모녀지간이다. 타쿠로는 뒤돌아봤다. 누군가 타쿠로를 내려다본다. 반대로 타쿠로는 누군가를 올려다본다.

키가 큰, 코트 차림의 인물이 서 있다. 깊게 눌러 쓴 모자와 선글라스, 옷깃을 세워 얼굴을 가렸다. <연속 살신殺神>에 등장하는 사신의 복장이다. 사신은 선글라스를 벗고 허리를 구부려 얼굴을 그에게 바싹 들이댄다. 아사 직전의 생물체 같은 얼굴이 콧김이 닿을 만큼의 거리에서 멈췄다. 노파다.

"작가인 타쿠로 선생이지요?"

지저분한 하수구 같은 입김이 타쿠로의 얼굴에 사정없이 뿌려진다.

"그렇, 습니다만."

"팬이에요."

노파는 손을 내밀었다. 악수를 청하고 있다. 타쿠로는 찜찜한 마음으로 악수에 응한다. 싸늘하고 야윈 손이다.

"<가죽 장갑> 사인회에 갔거든요. 첫 번째로. 이렇게 우리 집을 방문해주시다니 이제 죽어도 여한이 없겠네."

"그때, 그분이……."

사인회에서 맨 처음 사인을 해준 '코트 차림의 사신'이 마야미의 모친, 바로 이 노파였다니.

"마야미가 미친 듯이 선생님 책을 읽기에 옆에서 나도 따라 읽어봤어요. 마야미가 좋아할 분야지요. 광기의 세계를 문장으로 표현할 수 있다니, 정말 대단하세요."

당신 딸에 비하면 나는 한참 아래랍니다, 라고 대꾸해주고 싶었다. 타쿠로는 당장이라도 여기서 도망치고 싶은 마음뿐이다. 불현듯 스티븐 킹의 '미저리'가 떠올랐다. 하지만 여기서 도망치면 일부러 찾아온 의미가 없다.

"따님이 행방불명되었다고 경찰에 신고는 하셨는지요?"

"그걸, 왜, 내가?"

노파는 이해할 수 없다는 듯이 고개를 갸웃거린다.

"마야미 씨의…… 어머니시잖아요?"

"마야미는 두려운 아이였어. 그 아이의 그림, 볼래요? 아직 남아 있으니까."

두 번 다시 보고 싶지 않았다. 타쿠로는 거절했다. 노파는 기이할 정도로 긴 부츠를 벗더니, 방석에 앉는다.

"그 아이한테는 이상한 게 보이나 봐요."

노파가 "담배, 있어요?" 하고 물었고, 타쿠로는 고개를 옆으로 흔들었다. 노파는 재떨이를 뒤져 꽁초를 입에 물더니 이쑤시개로 손톱 밑의 때를 벗겨 재떨이에 버렸다.

"정확히 밤 11시가 되면 종이와 연필을 들고 몰래 집을 빠져나갔어요. 난 자는 척했지만. 대체 어디서 무엇을 그리고 있었는지."

"밤 11시에 그림을 그리러 바깥에 혼자?"

"마야미가 늦게까지 오지 않은 그날도 난 그림을 그리려니 생각했어요."

치아키는 밤 11에 산책을 가자고 조른다. 그리고 기묘한 그림을 그린다.

"마야미 본인이 결정해서 집을 나갔어요. 이렇게 늙은 어미를 버려두고. 게다가 애지중지하던 그림과 책도 전부 놔두고. 이런 초라한 집에서 늙은 어미를 돌볼 바에야 차라리 좋아하는 남자를 따라가는 게 편했겠죠."

"그래도, 일단은 경찰에 알리는 게······."

"난, 걔가 죽는 게 차라리 나아요. 너덜너덜해져서 돌아오기라도 한다면, 나도 낼모레 죽을 목숨이라 돌봐주지도 못해요. 아마 죽어줄 거예요. 그 남자처럼."

"누구 말씀입니까?"

"내 남편, 한때 남편이었던 사람."

"저주받았어요." 노파는 그렇게 말했다.

"마야미의 아버지는, 쓸모없는 그림을 그리려고 가정을 팽개쳤어요. 그리고 저 앞 다리에서 목을 매고······ 아, 더러운 시체였지요. 나쁜 놈, 이쪽을 향해 매달렸다니까!"

노파는 벌컥 화를 내며 테이블을 주먹으로 '쾅' 하고 내려쳤다. 다리에서 목을 맨 남자—맞다.

"혹시, 종이 연극 하시던 분이 아니던가요?"

"나 참, 선생도 알고 있었네. 그래, 유명했지요. 동네 아이들이 사신입네, 유령입네 하면서 살아 있을 때부터 놀리더니 죽고 나서도 유령 소동이 났어. 그 남자는 아주 죄질이 나빠. 딸이 보는 앞에서 목을 맸거든."

 대체 어찌된 일인가. 마야미의 인생은 처음부터 미쳐 있었다. 눈앞에서 아버지의 죽음을 목도했을 때 그녀는 무엇을 느끼고 무엇을 생각했단 말인가.

"따님도 무척 괴로워했겠네요."

 노파는 코웃음을 친다.

"그 남자는 마야미가 아직 아기였을 때 집을 나가버렸어요. 그래서 마야미는 그 사람이 자신의 아버지인 줄 몰라요. 아마 지금도 모를 거예요. 아……참, 마야미가, 그 남자가 마지막으로 지니고 있던 종이 연극을 집에 갖고 왔더라고요. 그래서 내가 강에 던져 버렸지요. 마야미가 엉엉 울었지만."

 마야미는 정말로 그가 자신의 아버지였다는 사실을 모를까. 자신의 아버지가 바보 취급을 당하고, 종이 연극을 보여주면서 공원을 배회했던 사실을 실은 알고 있었던 게 아닐까. 그래서 더욱 종이 연극에 집착하고, 대학 졸업 후에도 '아이와 노인을 위한 생활 모임'에 참석한 게 아니었을까.

"혹시, 종이 연극이 집에 없나요?"

"강에 버렸다니까."

"그게 아니라, 따님이 직접 만든 종이 연극이요. 이전에 참석했던 모임에서 만들었다고 하던데요. 집에 가져갔다고."

"없는데……."

그럼 어디 있을까. 그녀가 좋아한다는 남자의 집에 있을까. 종이 연극의 내용이 아무래도 마음에 걸린다. 그걸 보면 실마리가 풀릴 것 같다. 미사코와 마야미, 두 사람이 만들었기에.

"그리고 마야미가 좋아하는 남자한테 반지를 받았다고 하면서 보여준 적이 있어요."

"반지요?"

"꽃 모양이 새겨져 있었는데."

타쿠로는 현기증을 느꼈다. 믿을 수 없다. 하지만 있을 수 있는 일이기도 했다.

"혹시, 이 반지와 똑같지 않았나요?"

타쿠로는 왼손 약지에 낀 반지를 노파에게 보여주었다.

"에! 똑같은 반지네?"

"이 꽃은 거베라라는 꽃인데 아내가 좋아하던 꽃이었어요."

"……."

"잘 알겠습니다. 오늘 실례 많았습니다."

우물쭈물 뭔가를 말하려는 노파를 남겨두고 타쿠로는 혐오스러운 사신의 집에서 도망치듯 나왔다. 하늘은 완전히 어두워져 있었다. 그는 아직 악몽을 꾸고 있는 기분이었다. 강 저 건너편에 희미하게 거리의 불빛이 보였다. 그 불빛이 너무 멀게 느껴졌다.

미사코가 잃어버린 결혼반지를 마야미가 가지고 있었다. 그리고 그녀는 좋아하는 남자에게서 받았다고, 그녀의 어머니에게 말했다. 왜, 그렇게 되었지. 누가 이 의문에 답해줄 수 있을까.

미키가 보고 싶어졌다. 그는 악몽에서 깨어나고 싶었다. 그러기 위해서는 마야미의 아버지, 하루오가 매달려 죽었다던 수로교, 여기를 건너서 집으로 돌아가야만 한다.

타쿠로는 다리를 건너면서 밑에 흐르고 있는 검은 강을 내려다본다. 치아키처럼 마야미는 밤의 강을 바라보면서 무엇을 생각하고 무엇을 그렸을까. 치아키의 심중도 모르는 타쿠로에게는 상상도 가지 않았다.

어머니에게 버림받고, 아버지는 죽고, 아무도 그녀에게 다가오지 않았다. 아무에게도 사랑받지 못하고 자랐다. 얼마나 고독했을까.

발이 자갈을 밟는다. 맞은편에 도착했나 보다. 조금 전까지 자신이 있었던 음산한 아파트가, 붉은 핏빛을 띠고 어두운 밤하늘에 어른거리고 있다. 다시는 이 다리를 지나 건너편에 가지 않겠다고 마음먹었다.

그때 아파트에서 키 큰 그림자가 바깥으로 나왔다. 그림자는 건너편에 서 있는 타쿠로를 보더니 비틀거리며 다리를 건너온다.

노파다.

모자를 뒤집어쓰고, 코트를 입고, 걷기도 힘든 기이한 부츠를 신고 이쪽으로 오고 있다. 타쿠로는 도망쳤다.

집에서 새어나오는 불빛을 보고, 타쿠로는 길게 숨을 내쉬었다. 만일을 위해 주위를 둘러본 뒤에 현관문을 연다. 노파가 집의 위치를 알면 곤란하다.

문을 열고 들어서자 희미한 복도에 치아키가 서 있다.

"다녀오셨어요?"

"으응. 다녀왔어."

그러자 치아키는 불빛이 켜져 있는 거실로 달려갔다. 미키는 아직 거실 소파에서 자고 있다. 깨우려다가 너무 곤히 자는 것 같아 그대로 두었다.

식탁은 식빵과 잼을 먹다가 내버려둔 채였다. 치아키가 먹은 게 분명하다. 가만히 생각해보니 오늘 거의 집을 비웠다.

타쿠로는 자고 있는 미키 곁에 앉았다. 개운치가 않다.

예의 시퍼런 얼굴이 마야미의 얼굴임을 알았다. 반지 사건으로 짐작건대, 마야미와 미사코 사이에 무슨 일이 있었던 게 분명하다. 하지만 타쿠로는 마야미 본인에게는 도달하지 못했다. 노파가 말했듯이 죽었다면 금방 알 수 있다. 그런데 오리무중이다. 그녀의 어머니조차도 마야미의 소재를 모르고 있다. 아마도 유일하게 알고 있을 미사코는 이미 이 세상에 존재하지 않는다.

여기까지 온 결과, 모든 재난에는 마야미가 관련되어 있는 것 같다. 이성적으로 생각하려고 할수록 혼란만 가중될 뿐이다. 일신교 경전을 떠올린다. 죽으면 신이 될 수 있다고 믿은 마야미는 지금쯤 신이 되어 있을까.

 그렇지 않다면······.

 삐삐삐삐삐, 소리에 눈을 떴다. 밤 11시에 맞춰놓은 손목시계가 울리고 있다. 왠지 거실이 어둡고, 소파에서 자고 있던 미키의 모습이 보이지 않는다. 조금 있으면 치아키가 산책 가자고 말하면서 계단을 내려올 텐데. 겁이 나서 타쿠로의 서재로 숨어버렸나.

 하지만 타쿠로는 이미 결정을 내렸다. 밤 산책을 가지 않기로. 그 산책로에서는 마야미의 집이 보인다. 그 수로교에서 마야미의 부친이 목을 맸다. 산책을 그만둘 이유는 충분했다. 두 번 다시 그 길을 걷고 싶지 않다.

 그런데 치아키가 오늘은 이상하게 늦다. 알람이 울리자마자 스케치북을 들고 계단을 뛰어 내려오던 아인데. 숨 막힐 듯한 정적이 타쿠로에게 기분 나쁜 예감을 부추긴다.

 치아키를 부르며 2층으로 올라갔다. 치아키는 제 방에도, 미사코의 방에도 없다. 다시 1층으로 내려와 서재와 다다미방, 화장실과 목욕탕을 찾아본다.

 미키도 없다. 둘이서 간 거다. 밤 산책을.

11

 집에서 강 쪽으로 5분을 달리니 창가의 불빛이 급속히 줄어든다. 길 중간부터 늘기 시작한 가로등 불빛이 앞쪽으로 펼쳐지면서 음산한 어둠을 더욱 두드러지게 한다.

 폐공장 앞에 있는 가로등으로 커다란 나방과 날벌레들이 떼를 지어 모여든다. 타쿠로가 그 아래를 달려가자 벌레들이 날갯짓을 하며 어두운 밤 속으로 흩어진다.

 경사진 풀숲을 헤치고, 타쿠로는 늘 다니던 산책로에 서 있다. 두 번 다시 오지 않겠다고 마음먹었는데, 똑같은 시간에 산책로에 서 있다.

 치아키와 미키의 이름을 번갈아 부르면서 자갈을 밟고 걷는다. 타쿠로의 목소리는 순식간에 밤의 어둠 속으로 흔적 없이 사라진다. 수로교에 이를 때까지도 두 사람의 모습은 없다.

 강물 위에 무슨 그림자가 어른거린다. 순간, 상상해서는 안 될 광경이 머리에 떠올랐다가, 사라졌다. 말을 걸어본다는 자체가 이미 쓸데없는 일임을 금방 알아차렸다. 강물 위에서 흔들거리는 그림자는 사람의 모습을 하고 있었다.

 타쿠로는 수로교를 탁탁 소리를 내며 걷는다. 발소리가 마치 그림자에 전달된 것처럼 그림자가 심하게 흔들리기 시작한다. 그는 다리 중간에서 발걸음을 멈췄다. 그림자의 정체를 알았기 때문이다.

유미쿠라 가즈에, 마야미의 모친, 바로 그 노파였다. 코트의 사신으로 분장한 그녀는 목에 줄을 감고 축 늘어져 있었다. 언제부터 이런 상태였을까. 부츠는 벗어던졌는지 맨발이었다.

당장이라도 혼비백산할 것 같아 그는 크게 심호흡을 한다. 그리고 다리 위에서 주위를 한 바퀴 둘러본다. 시야에 움직이는 물체라고는 아무것도 없다. 멀리서 가로등이 강물에 반사되어 약하게 흔들리고 있을 뿐이다.

치아키와 미키는 어디에 있을까.

다리 기둥 아래에 오두막 같은 게 보인다. 노숙자가 숙식하는, 박스로 얼기설기 만든 집인 것 같다. 자갈길로 다시 돌아와서 둑을 따라 내려오자 다리 기둥에 기대듯이 함석지붕을 덮고 베니어판으로 만들어진 작은 집이 있다. 지금까지 이런 집이 있는 줄 몰랐다.

"치아키!"

말도 안 된다고 생각했지만, 일단 불러보았다. 대답이 없다. 작은 집 주위로 기묘한 물체들이 흩어져 있다. 타쿠로는 휴대폰 불빛으로 비추어본다. 자기도 모르게 폴더를 닫는다. 크게 숨을 들이마시고는 다시 한 번 휴대폰 폴더를 연다. 산산조각 난 마네킹이다. 타쿠로는 들이마신 숨을 천천히 내뱉고, 주위의 다른 물체를 비추어본다.

나무판자에 못으로 박힌 수십 마리의 바퀴벌레, 잇자국이 무수한 점토 조각상, 접시 위에 가득 담긴 손톱들, 어디선가 본 것들이다.

가출한 마야미가 설마 여기서 살고 있단 말인가.

그런데 조형물이 어설프다. 주위에 돌아다니는 재료를 대충 섞어 만든 것처럼 보인다. 마야미의 조형물을 흉내 냈다는 느낌을 지울 수 없다.

이번에는 작은 집의 안쪽을 비추어본다. 음식이 쉰 듯한 역겨운 냄새가 코를 찌른다. 모포에 둘둘 말린 게 있다. 사람이 자고 있는 걸까. 모포 주위에는 찌그러진 냄비, 일회용 가스버너, 편의점에서 사서 먹고 난 빈 도시락 용기, 맥주 캔 따위가 어지럽게 흩어져 있다.

쓰레기에 섞여 검정 수첩이 떨어져 있다. 그는 발소리를 죽여, 수첩을 줍는다.

순간, 어? 하고 소리가 나왔다. 그건 쿠스노키의 '스마일 수첩'이었다. 수첩에는 서툰 솜씨로 노란 얼굴에 입이 바나나 모양인 피스 마크가 그려져 있다. 쿠스노키가 새로 이사한 곳은 그의 말대로 타쿠로의 집에서 가까웠다. 그렇게 행복을 갈망하더니 이런 곳에서 노숙자로 살고 있었다.

혹시 이런 생활을 바랐던 게 아닐까. 그런데 왜 쿠스노키가 마야미의 조형물을 만들고 있을까. 휴대폰과 타쿠로가 쓴 책도 뒹굴어 다닌다.

그럼, 모포에 둘둘 말린 건 쿠스노키란 말인가. 커다란 파리가 날아 들어왔다. 보이진 않지만 귓가에서 붕붕거리고 있다.

"쿠스노키 씨."

집 밖에서 둘둘 말린 모포를 향해 불러본다. 안으로 들어가 흔들어 깨울 만한 배짱은 없다. 반응이 전혀 없다. 한 번 더 불러본다. 역시 마찬가지다.

안으로 들어가 일회용 가스버너에 불을 붙인다. 주위가 조금 환해진다.

"쿠스노키 씨, 나, 타쿠로예요."

세상 모르고 자고 있거나, 그렇지 않다면······.

둘둘 말린 모포에 손을 뻗쳐본다. 하지만 그 이상 접근하지 못한다. 둘둘 말린 모포 속의 존재는 쿠스노키가 아니었다. 여자아이다. 머리부터 모포를 푹 덮어쓴 여자아이가 가부좌를 틀고 앉아 있다. 머리에 모포를 덮어썼기 때문에 얼굴은 보이지 않는다. 하지만 절규하듯이 커다랗게 벌린 입만큼은 보인다. 무릎 위에 그림용 종이 다발을 세워놓고, 시퍼런 얼굴의 여자 그림을 타쿠로에게 보여주고 있다.

치아키다.

그런데 도저히 치아키를 끌어안을 수 없다. 불가항력인지 몸에 힘이 들어가지 않는다.

"치아키, 맞지?"

아이는 아주 낮게, 치아키같지 않은 목소리로 "맞아."라고 대답한다. 치아키는 둥근 구슬을 엄지와 검지 사이에 끼우고 천천히 타쿠로에게로 다가온다.

까맣고 둥근 사탕이다. 타쿠로는 옆으로 고개를 저으면서 거절하지만, 앙증맞은 치아키의 손이 그의 입 안에 사탕을 집어넣는다. 입 안에서 까만 사탕이 돌아다닌다. 아주 쓰고 시큼하기까지 하다. 위액처럼. 타쿠로는 바로 뱉어버린다.

치아키가 콧노래를 부르기 시작한다. 불경을 빨리 감기, 되감기 하듯 불안정하고 불균형적인 선율.

그만두라고 말하고 싶은데, 타쿠로의 겁먹은 목구멍에서는 언어가 아닌 "우으으" 하는 신음 소리만 나온다.

예고도 없이 갑자기 콧노래가 멈춘다. 치아키의 무릎 위에 놓인 손때 낀 종이 다발이 늘어뜨려지면서 타쿠로의 눈앞에 펼쳐진다.

형태를 짐작하기 어려운 불가사의한 그림이다. 모포 아래의 동굴 같은 입이 소리를 냈다.

"마야미짱, 여섯 살, 시작이요, 시작이요!"

치아키는 불투명하고 어두운 목소리로 이야기의 시작을 알렸다.

어느 곳에 불쌍한 여자 아이가 있었습니다.

그 여자아이는 마야미짱이라는 이름이 있는데도 학교에서는 사신, 혹은 유령이라고 불리던 아주 불쌍한 아이였습니다.

그렇지만 참을성이 많은 아이였습니다.

돌멩이나 오물이 날아와도 울지 않았습니다.

선생님한테 무시당해도 울지 않았습니다.

친구가 없어도 울지 않았습니다.

친구가 없어도 괜찮으니까.

그림을 그리거나, 그림책을 보거나, 벌레의 팔다리를 뚝뚝 분지르며 혼자서도 재밌게 놀았으니까요.

새까만 강이 집 근처를 흐르고 있습니다. 혼자 그 강을 바라보면서 죽어버릴까 하고 마야미짱은 늘 생각합니다. 그렇지만 죽는 게 어떤 건지 잘 모르는 마야미짱은 좀처럼 죽을 수 없었습니다.

마야미짱은 여자 아이이기 때문에 백마 탄 왕자님을 동경합니다. 불쌍한 자기를 도와주러 아름다운 새하얀 말을 타고 오는 왕자님. 늘 왕자님이 도와주러 오기만 기다렸습니다.

그렇지만, 왕자님은 오지 않았습니다. 아무리 기다려도 오지 않았습니다.

그렇습니다.

그런 게, 있을 리가 없지요.

아무것도 모르는 마야미짱은 새까만 강물을 바라보면서 계속해서 백마 탄 왕자님만 기다렸습니다.

그렇지만 오는 건 이상한 사람들뿐.

마야미짱의 엉덩이를 만지는 사람, 가슴을 만지는 사람.

정말로 이상한 사람들뿐이었습니다.

이번에야말로, 하며 오늘도 기다립니다.

따르르릉.

예쁜 소리가 났습니다.

이번에야말로, 왕자님이 백마를 타고 왔습니다. 마야미짱은 가슴이 두근거렸습니다.

그렇지만 슬프게도 아니었습니다.

백만 탄 왕자님이 아닌, 낡아빠진 자전거를 탄 더러운 아저씨였습니다.

아저씨는 보물이 있다면서 보여준다고 말했습니다.

그렇지만 불안했습니다.

전에도 똑같은 말을 하면서 오줌을 누는 모습을 보여준 사람이 있었기 때문입니다.

하지만 조심스럽게 살펴보니 자전거 뒤에 정말로 보석 상자가 있었습니다.

언제쯤이나 보여줄까.

무엇을 보여줄까.

그렇지만 아무리 기다려도 아저씨는 보물을 보여주지 않았습니다.

그러다가 아저씨가 없어졌습니다.

아저씨, 어디에 갔어?

아저씨, 어디에 갔어?

있었습니다.

아저씨는 다리에 매달려 혼자서 재밌게 놀고 있었습니다.
강물 위에서 푸푸, 하면서.
얼굴이 포도주스 같은 색이 되었네!
코에서는 밀크셰이크가 나오네!
아저씨, 혀가 기린처럼 길어졌어!
즐겁게 춤도 춥니다.

마야미짱은 웃고 있었습니다.
태어나서 처음으로 웃음이라는 걸 알았습니다.
그렇습니다.
아저씨가 보여준 보물은, 바로 그거였습니다.

이어집니다.

'이어집니다.'라는 글자를 보고 타쿠로는 제정신으로 돌아왔다. 지금 자신은 이 종이 연극의 이야기에 완전히 몰입되어 있다. 이야기 속의 풍경이 저절로 떠오른다. 마야미라는 이름을 가진 어린 여자 아이가 다리에 목을 맨 더러운 남자의 시체를 바라보며 그림을 그리고 있다. 목을 맨 남자는 마야미의 아버지, 하루오다. 그녀는 자신의 아버지인 줄도 모르고, 그가 목을 맨 채 죽어가는 모습을 바라보면서 그림을 그리고 있었다.

치아키가 들고 있는 낡아빠진 종이 속에 푸르죽죽한 얼굴을 한 인간이 목을 매고 있다. 이 종이 연극은 마야미가 그린 것이다. 여섯 살짜리 마야미가 아버지의 시체를 보면서 그 자리에서 그린 것이다.

치아키는 또 한번 까만 사탕을 타쿠로의 입안에 틀어넣는다. 대체 무슨 사탕일까. 타쿠로는 바로 뱉어냈다.

치아키는 목소리 톤을 약간 바꾸더니 제2막인 <마야미, 일곱 살>의 타이틀을 읽었다. 치아키는 일곱 살짜리 여자아이의 목소리를 냈다.

"마야미짱, 여덟 살"

"마야미짱, 아홉 살"

"마야미짱, 열 살"

"마야미, 열다섯 살"

"마야미, 열일곱 살"

"마야미, 열아홉 살"

종이 연극 속의 마야미가 나이가 들수록 치아키의 목소리도 점점 변해갔다. 그림도 점점 더 잘 그려져 있다. 이야기의 내용은 갈

수록 침울해지고, 간혹 마야미의 개인적인 어록이 사용되기도 한다. 마야미의 인생 전반부는 가련하고 희미하다. 정신없이 달려가는 듯 보였지만 적당한 곳에서 맥없이 멈춘다.

아직도 그녀의 이야기는 이어진다. 지금 마야미는 스무 살이 되었다. 이때는 벌써 타인의 추종을 불허하는 광인이 되어 있었다. 한 사람의 인간이 어떻게 미쳐가는지를, 생생하게, 타쿠로는 봤다.

이 종이 연극에서는 1년이라는 세월이 5분 만에 흘러갔다. 10분이 경과하면 그녀는 두 살을 더 먹는다.

부패 선호, 브라운 진킨, 여자와 죽음, 므·므름·므라루루, 바카비라카바카베…….

인간의 뇌에서 짜낼 수 없는 괴상한 단어가 이야기 속에 뒤섞여 나온다. 그러다가, 갑자기 마야미의 예술이 폭발했다. 그녀는 마침내 진리를 터득한다.

'나'를 신으로 만들어 '나'를 숭배한다. 이 세상에는 단 한 사람만 존재하면 충분하다. 그리고 일신교의 경전을 썼다. 이때부터 유령이나 사신 따위로 바보 취급을 받고, 학대받아온 '불쌍한 마야미짱'은 더 이상 학대받지 않아도 되었다.

기분이 오싹하다면서 아무도 그녀에게 다가오지 않게 되었다. 얼마나 고독하고 침울한 대학 시절이었을까.

하지만 미사코의 출현으로 이야기의 줄기는 크게 바뀐다. 늘 그랬던 것처럼 일신교 활동을 하던 마야미에게 미사코가 말을 붙인다. 미사코 또한 특이한 인간이었다. 머지않아 미사코와 마야미는 서로 끌어당기듯 다가서고 다가오면서 친밀한 사이로 발전한다.

두 사람은 대학교를 졸업한다. 마야미에게는 최초였던 친구 관계가 겨우 1년 만에 끝나버렸다.

그러나 스물다섯 살에 미사코와 재회한다.

<마야미의 이야기>

스물다섯 살의 여름.

마야미는 주술에 몰두하고 있다.

다다미가 썩어가는 방에서 중국 주술의 자료를 샅샅이 훑는다. 눈에 보이지 않는 존재의 이름과 정체를 알게 되는 주술, 온갖 잡귀를 인간에게 빙의시켜 미치게 만드는 주술, 인간의 혼백을 조정하는 주술……

마야미는 자신에게 특별한 능력이 있다고 믿고 있었지만, 살아보면 살아볼수록 자신이 평범한 사람임을 알고 한탄한다. 자신이 이처럼 추하고 더럽게 태어난 대신 그 부족함을 채워주는 특별한 능력을 지녀야 옳다, 그렇게 생각하면서 살아왔다.

그래야 하는데, 그래야 하는데. 생각할수록 마야미는 당장 미칠 것만 같았다. 그런 시기에 미사코가 집에 찾아왔다.

"오랜만이야, 잘 있었니? 마야미."

미사코는 이미 결혼했다. 연락 한 번 안 한 주제에 미안한 표정도 없다. 마야미가 "잘 있었어." 라고 대답하자 미사코는 만면에 웃음을 띤다.

오랜만에 만난 미사코는 너무 행복해 보였다. 마야미는 화가 치밀어 오른다. 미사코를 집 안으로 들어오라고 해서 지금 자신이 열중하고 있는 주술 이야기를 해준다. 미사코는 흥미를 보이면서, "그래서? 그래서?"라며 다음을 재촉한다. 그래서 주술과 원한에 얽힌 이야기도 해주었다.

"근데, 마야미, 아직도 그림 그리는 거 좋아하니?"

"어리석은 질문이다." 이라고 대답해 준다. 미사코는 반가워하면서 그림책을 그리고 싶다고 말한다.

"옛날의 감각을 되돌리고 싶어. 마야미, 너도 예술의 혼, 으흠, 악마였잖아? 우리가 같이 하면 맹렬한 속도로 옛날로 돌아갈 수 있어."

마야미는 칭찬을 듣고 있자니 기분이 좋아졌다. 졸업하고 연락이 끊긴 미사코를 원망했지만, 이렇게 다시 만난 것이 한편으론 기쁘기도 했다. 그래서 아무에게도 말하지 않았던 비밀, 어릴 적 이야기를 미사코에게 말해주자고 생각했다.

그녀는 부엌 안쪽에서 종이 다발을 꺼내 왔다.

"마야미, 이거, 너무 좋다."

마야미가 예상했던 반응이다.

마야미는 여섯 살 때부터 일 년에 한 편, 그 해의 자기 이야기를 종이 연극으로 만들어 보관하고 있었다. 일 년 동안의 그림일기를 압축해서 그럴듯한 스토리로 만든 것이다. 요 몇 년 동안 마야미는 집에서 주술에 관한 책을 읽으면서 썩어버린 바나나를 먹었다는 정도밖에는 글을 쓸 일이 없었다.

미사코와의 재회를 계기로 또 다른 재밌는 종이 연극을 만들 수 있을지도. 마야미에게는 생각해둔 회원제 모임이 있었다. 미사코와 함께 해도 괜찮을 듯싶다. 이렇게 해서 마야미와 미사코는 '아이와 노인을 위한 생활 모임'의 회원이 되었다.

미사코는 그림책, 마야미는 종이 연극을 만들어서 양로원과 보호시설, 초등학교에서 이야기를 들려주었다. 할아버지들이, 할머니들이, 아이들이, 시설에 있는 사람들이 모두 박수를 치며 좋아했다. '그림을 너무 잘 그렸다, 좋은 이야기다, 낭독을 잘한다.'라는 등 칭찬이 쏟아졌다.

사람들의 관심과 인정을 받는 것이 이렇게 좋은 건 줄은 상상도 못 했다. 사람들이 자신을 싫어하고 무서워할 때는 일신교를 만들어 초자아의 꿈을 키운 적도 있다. 하지만 이런 행복은 혼자만의 세계에서는 결코 얻을 수 없는 감각이다.

마야미는 종이 연극으로 꼭 만들고 싶은 작품이 있었다.

마야미는 어느 날 자기 집 앞 강변길로 미사코를 불러내 자신의 생각을 말했다. "죽을 만큼 좋아하는 작가가 있다. 그 작가의 작품을 종이 연극으로 만들고 싶다."고. 미사코는 마야미의 '죽을 만큼 좋아한다.'는 표현을 칭찬했다.

"그렇게 좋아하는 작가가 누군데?"

마야미는 다소 어색해하면서 타쿠로의 이름을 꺼냈다. 그러면서 그의 <연속 살신>을 종이 연극으로 만들고 싶다고 했다. 눈이 휘둥그레지며 놀라는 미사코. 차츰 입가에 웃음이 번지더니 웃기 시작했다.

"그 작가, 우리랑 같은 대학 졸업생이야."

마야미는 미사코가 대체 무슨 소릴 하나 싶었다. 그렇게 레벨 낮은 대학에서 어떻게 천재적인 작품을 쓰는 작가가 나올 수 있단 말인가.

"결혼하고 내 성이 요코타로 바뀐 것도 남편이 요코타 타쿠로이기 때문이고."

미사코는 웃었다. 거짓말 같지, 라며.

마야미도 웃었다. 거짓말이지? 라고.

미사코는 웃었다. 아냐, 정말이야, 라며.

마야미는 웃었다. 농담하지 말고, 라며.

미사코는 웃으며, 농담 아냐, 마야미, 라고.

마야미는, 더 이상 웃지 않았다.

믿을 수 없었다.

신이시여, 너무 하시지 않나요?

모처럼 인생이 즐거워졌건만,

모처럼 할 일을 찾아냈건만,

음지와 양지. 이토록 뚜렷하게 인생의 차이를 보여주시다니……

눈앞에 있는 미사코는 좋은 친구다. 하지만 자신과는 너무 다르다. 그때부터 마야미는 변했다. 아니, 다시 되돌아왔다.

마야미는 혼자서 <연속 살신>의 종이 연극을 제작했다. 타쿠로의 작품 중 그 작품이 제일 맘에 들었다. <연속 살신>은 자신이 어릴 때 만난, 종이 연극을 보여주던 아저씨 작품에 버금가는 작품이 될 성싶었다. 그 종이 연극은 엄마가 강에 버렸다. 엄마를 저주했다. 죽어버리라고.

하지만 자신은 타쿠로의 작품을 만났다. 영상화가 불가능하다고 일컬어지는 그의 작품에 그림을 부여하고 싶다. 그 훌륭한 작품을 뛰어넘지는 못하겠지만 근접하게라도 만들고 싶다.

마야미는 작품을 완성했다. 몇 개월이나 걸렸을까. 기뻤다. 그리고 원망했다. 원작을 뛰어넘는 작품이 되고 말았다. 마야미에게 타쿠로가 신이라면, 그의 작품은 경전이다. 마야미는 마음속으로 "죄송합니다."라고 몇 번이나 그녀의 '신'에게 사과했다.

한시라도 빨리 사람들에게 보여주고 싶다. 그렇지만 미사코가 알아서는 안 된다. 먼저 아저씨의 종이 연극을 강에 버린 엄마에게 보여주자고 생각했다. 그 종이 연극을 이해하지도 못하는 주제에 강에 버린 인간이기 때문이다.

하지만 관두었다. 원래 종이 연극은 공원에서 아이들을 그러모아 보여주는 것이다. 마야미는 아직까지도 서툰 자전거를 몰고 몇 번씩이나 넘어지면서 공원으로 향했다. 그러나 공원에는 아이들이 없었다. 게이트볼을 하고 있는 노인들과 노숙자뿐이었다.

그래도 상관없다. 누구라도 좋다. 그녀가 손으로 제작한 나무막대기로 박자를 맞춰 두드리면서 모임에서 배운 종이 연극의 시작을 알리는 말투를 근사하게 덧붙이자 사람들이 서서히 모여들었다. 노인들은 종이 연극에 대한 추억이 떠올라서, 노숙자들은 어차피 할 일이 없기 때문에 모여들었다. 이런 별볼일 없는 청중이 과연 이해할 수 있을지, 그녀는 불안했다.

천재적인 호러소설가 요코타 타쿠로와 유미쿠라 마야미의 합작, 전대미문의 괴담.

시작이요, 시작이요!

상연하면서도 초조했다. 종이 연극이 끝나는 순간 돌멩이가 날아올지도 모른다. 좀 더 나이 든 사람들을 타깃으로 맞춰 제작할 걸 그랬나. 아니면, 노숙자들을 타깃으로.

그런 불안감을 지닌 채 종이 연극은 "이어집니다."를 알렸다. 박수가 터졌다. 예상 밖의 반응이었다. 노인들은 '황금박쥐'가 연상

된다며 추억을 회상했고, 노숙자들은 다음엔 사탕이라도 달라고 졸랐다. 마야미는 그 후로 종이 연극을 들고 공원을 돌아다녔다.

 마야미의 입장에서는 아주 불쾌한 일이 생겼다. 미사코가 임신했다고 한다. "누구 아이야." 라고 짓궂게 물었더니 미사코는 배를 잡고 웃었다.
 마야미의 가슴에 검은 태양이 타올랐다. 작품 상에서는 마야미와 타쿠로가 이토록 궁합이 잘 맞는데, 글 한 줄도 제대로 못 쓸 것 같은 여자와 함께라니, 미사코가 증오스럽다.
 미사코가 만든 그림동화책은 지나가는 개에게 줘도 아깝지 않을 정도로 저질이다. 저능한 인간들이 희희낙락 학창시절을 보낼 때 자신은 예술에 아낌없이 몸을 던졌다. 그런 여자에게 질 수는 없다.
 마야미와 미사코는 음지와 양지. 어떡해야 역전시킬 수 있을까. 마야미는 주술과 마술을 다시 공부하기 시작했다. 아직 공부가 덜 되었을지도 모른다. 자고 있는 동안에 소의 정자를 자궁에 주입해서 '미노타우로스'를 낳게 하는 것도 재미있을 것 같다.
 하지만 철저히 부부 관계를 파괴하는, 마야미가 만족할 만한 방법이 따로 있었다. 마야미는 미사코에게 이번만큼은 공동 작업을 하자고 꼬드겼다. 미사코의 원작을 동화로 된 종이 연극으로 만들자고.

미사코는 무척 좋아하면서 "하자, 하자." 라며 신이 나서 떠들어 대고 있다.

"대학 다닐 때는 남들이 내 그림에 사실주의적인 느낌이 든다고 했잖아? 근데, 솔직히 그렇지 않거든. 날개 돋친 인간을 얼마나 그리고 싶었는데."

그런 잡담은 아무래도 좋다. 마야미에게는 귀에 거슬리는 소음일 뿐이다. 미사코는 그림을 그릴 때 습관처럼 결혼반지를 빼놓는다. 마야미에게는 그 사실만이 중요했다. 마야미의 집에서 공동 작업이 진행되었다.

역시, 미사코는 반지를 빼고 작업을 시작했다. 첫날은 그냥 넘어갔다.

두 번째 작업을 하는 날에도 미사코는 반지를 빼놓았다. 집에 놔두고 오면 될 것을. 결혼한 게 무슨 대단한 위세라고. 자기도 모르게 이를 갈 뻔했다. 둘째 날도 그냥 넘어갔다.

사흘째 되는 날에도 반지를 빼놓았다. 구제불능의 바보 멍청이 같은 여자다. 오늘은 미사코의 뱃속에 든 태아의 태교를 위해서 멋있는 콧노래라도 들려주어야겠다.

나흘째 되는 날, 닷새째 되는 날, 엿새째 되는 날. 미사코는 결국 엿새째 되는 날에 반지를 잊어먹고 집으로 돌아갔다. 마야미는 힘들이지 않고 반지를 손에 넣었다. 타쿠로가 사랑하는 아내에게 선물한 반지를.

한 시간 후 미사코가 당황하며 마야미의 집에 왔다.
"있잖아, 깜빡 잊고 반지를 놔두고 갔어."
마야미는 즉석에서 "없어."라고 대답했다. 처음에 미사코는 농담인 줄 알고 웃었지만, 마야미가 진지한 표정을 짓자 자신의 기억을 더듬으며 다시 집으로 돌아갔다.
아무튼 멍청한 여자다. 반지를 마야미의 집에 빼놓았다는 확신도 갖지 못하는 여자는 반지를 받을 자격조차 없다.
다음 날부터 미사코가 집 앞까지 찾아와 몇 번이나 그녀를 불렀지만, 마야미는 코빼기도 내밀지 않았다. 미사코는 울상이 되어 반지를 돌려달라며 머리를 숙여 땅에 대다시피 했다. 마야미는 창가에서 그 광경을 내려다보는 게 너무 좋았다.

마야미는 늘 그랬듯이 밤 11시에 강으로 산책을 나갔다. 옆구리에는 스케치북, 손가락에는 거베라 꽃이 새겨진 반지를 끼고. 새로운 종이 연극 구상이라도 할까. 기분이 날아갈 것만 같다. 하지만 오늘의 산책은 중지되었다.
수로교 한가운데에 미사코가 떡하니 버티고 서 있다.
"마야미, 내 반지 내 놔, 나 화났어."
무슨 뚱딴지 같은 소리? 마야미는 그런 표정을 짓는다.
"마야미, 너 같은 건 우리 남편이 상대도 안 해!"
그 말이 지금까지 들어온 어떤 모욕적인 말보다 마야미의 가슴을 후벼 파 들었다. 이 여자가 무슨 소릴 하나. 난 어릴 때부터 사신이라고 불린 몸이야. 사신 이야기를 쓰는 타쿠로와는 천생연분이지. 마야미는 흰자위를 번뜩거리며 미사코를 노려보았다.

"되게 기분 나쁜 표정이네."

 미사코는 그 얼굴에 최대의 찬사를 바쳤다. 마야미는 그 답례로 반지를 돌려줄까 생각하다 다리 아래로 흐르는 더러운 강물에 반지를 던져버렸다. 미사코는 비명을 지르며 다리 위를 네 발로 기면서 강물을 내려다보고 있다. 그녀의 표정은 갈수록 절망적으로 변했다.

 마야미는 잘 가라는 인사도 하지 않고 자신의 집을 향해 다리를 건너갔다. 미사코는 반지를 잃어버렸다. 그러니 이제는 그의 아내가 아니다. 내가 이겼다.

 물론, 반지는 아직도 고스란히 자신의 손안에 있다. 강물에 던진 건 종이 연극을 보는 관객들에게 선물로 주는 사탕이었다.

 집에 돌아오니 엄마는 코를 골며 자고 있다. 마야미는 좋은 수를 떠올렸다. 잘됐다. 오늘 있었던 일을 종이 연극으로 만들자. 그동안 내 이야기는 음울하고 따분한 것뿐이었어.

 하지만 앞으로 펼쳐질 인생만큼은 기대를 저버리지 않겠지. 여섯 살부터 줄곧 이어온 종이 연극이 해피엔딩으로 끝난다면 그보다 더 좋은 일이란 있을 수 없다. 그렇게 생각하면서, 그린다.

 그 멍청한 여자는 이제 집에 돌아갔을까.

부엌 창문을 연다. 눈앞에 미사코의 얼굴이 있다. 화가 뻗쳐 있다. 분노하고 있다.

마야미는 너무 재미있어서 그 얼굴을 그려서 미사코에게 보여 주었다.

마야미가 그린 새빨간 미사코의 얼굴을 타쿠로가 바라보고 있다. 그것이 이 종이 연극의 마지막이었다. 얼마 동안이나 이 종이 연극을 보고 있었을까. 타쿠로의 셔츠가 땀으로 흠뻑 젖어 있었다.

이 이야기는 왜 여기서 끝났을까. 그 뒤 미사코와 마야미 사이에는 무슨 일이 일어난 것일까.

그는 짐작이 갔다. 하지만 자신의 생각이 과연 마지막 대답이 맞는지는 자신 없었다. 마지막 종이를 손에서 떨어뜨리더니 치아키가 그 상태에서 뻣뻣하게 굳어 있다.

"넌, 대체 누구야?"

치아키는 아무런 대답이 없다.

"그럼, 마야미?"

종이 연극의 마지막에 치아키는 "이어집니다."라고도, "끝."이라고도 말하지 않았다. 그렇다면, 이야기가 계속 이어진다는 말인가.

치아키는 몸이 위로 향한 자세로 천천히 쓰러졌다. 치아키에게서 흘러내린 모포가 일회용 가스버너에 떨어지더니 금방 불이 옮겨 붙었다. 종이 연극의 주술에서 자신이 풀려났음을 깨달은 타쿠로는 치아키를 끌어안고 쿠스노키의 집을 뛰쳐나왔다. 작은 집은 순식간에 불길에 휩싸였다.

정신을 잃은 치아키는 타쿠로의 품 안에 안겨 가늘게 숨은 쉬고 있다. 다리에 매달린 가즈에의 시신이 불길에 반사되고 있다.

이 강은 황천길이다. 가족 세 명의 목숨을 먹어 치운 강이다.

타쿠로는 확신했다. 마야미는, 이 강물 속에 있다. 아마도 거베라 꽃의 모양이 새겨진 반지를 낀 채.

누군가 수로교를 걷고 있다. 다리 한가운데를 걷는 그림자가 바람에 실린 불길에 모습을 드러냈다. 미키다.

"미키!"

미키가 발걸음을 멈추고 얼굴을 돌린다.

"여기야, 미키! 돌아와!"

미키는 고개를 옆으로 흔든다.

"치아키가, 산책하자고 해서."

미키는 마치 누군가와 손을 잡고 있는 것처럼 팔을 약간 아래로 경사지게 늘어뜨리고 있다. 하지만 거기엔 아무도 없다.

"그건 치아키가 아냐!"

"으으으, 치아키가 맞아."

무언가에 끌려가듯 미키는 다리를 건너간다. 마야미의 집이 있는 방향으로. 건너가게 해서는 안 된다. 이 강은 돌아오지 못하는 길이다. 건너편에 이르는 순간 이 강이 미키를 먹어버릴 것이다.

타쿠로는 치아키를 자갈길에 내려놓았다. 그러고는 수로교를 향해 달려갔다. 발밑에서 물고기가 튀어 오르는 소리가 난다. 매일 밤, 이곳을 산책하면서 듣던 소리다. 이 소리는 정말로 물고기가 내는 소릴까.

 조금만 더 가면 미키는 다리를 내려설 것이다. 그 찰나 타쿠로의 손이 미키의 어깨에 닿았다. 그가 미키를 세게 끌어당겼다. 그러자 미키는 실 끊어진 인형처럼 타쿠로에게 풀썩 쓰러지고 만다.
"괜찮아?"
 미키는 정신을 잃었다. 타쿠로는 미키를 등에 업고 질질 끌듯이 다리를 건너 되돌아온다.

 그런데 스케치북이 다리 한가운데에 떨어져 있다. 거세게 불어 치는 바람에 처음에는 천천히, 그러나 차츰 빨라지면서 페이지가 저절로 넘어간다.

 시퍼런 얼굴의 여자, 마야미의 얼굴이 스케치북 속에서 낄낄대고 웃고 있다. 책장을 빨리 넘기면 움직이는 그림이 되는 책처럼.
 – 끼이이끼이익
 – 끼이이이끼이이이끼이이이이익
 다리가 삐걱거린다. 그 진동이 발꿈치를 타고 온몸으로 퍼진다. 톱니바퀴가 맞물리는 소리처럼 들린다. 타쿠로가 스케치북을 짓밟자 삐걱대는 소리가 멈췄다.
"으어어……."

등에 업힌 미키의 의식이 돌아왔다.

"걸을 수 있겠어?"

미키가 고개를 힘없이 끄덕인다. 다리에 힘이 없어 비칠대는 미키를 어깨에 기대게 하고 산책로를 향해 걷는다.

"전부 봤어."

"나도요."

미키도 모두 알고 있었다. 그랬기에 강 건너편으로 끌려갈 뻔했다.

차르륵, 하고 강에서 소리가 났다. 집을 모두 불태우고 이젠 삭아진 불꽃이, 강물이 방금 일으킨 물거품을 비추었다.

타쿠로는 그제야 치아키가 없어졌음을 알았다.

"치, 치아키, 치아키!"

타쿠로가 부르는 소리에 대답이라도 하듯 강물이 일으킨 물거품 위로 치아키의 가방이 둥실 떠오른다.

"치아키를 데려가고 있어!"

"설마!"

강물 위에는 작은 물거품들이 서로 심하게 다투고 있다. 타쿠로는 수로교 난간에 발을 디뎠다.

"위험해요!"

"새로운 시리즈를 연재하기로 했어. 만일 마야미가 내 팬이라면 읽고 싶겠지?"

타쿠로는 망설이지 않고 암흑이 깃든 강물로 뛰어들었다. 아무것도 보이지 않는다. 그저 차가울 뿐이다. '죽음이, 이런 걸까?'라고 타쿠로는 생각했다. 이 강의 바닥에 마야미가 가라앉아 있을까. 미사코에게 떠밀려서.

믿고 싶지는 않다. 하지만 그 종이 연극이 중간에 끝났을 때 왠지 그 광경이 머리에 떠올랐다. 이 강에 그녀가 잠들고 있다면, 결혼반지를 낀 손에 다리가 휘감겨도 하등 이상할 게 없다. 그녀에게는 타쿠로가 사랑을 바칠 남편이니까. 그러면 지금쯤 웃고 있겠지. 오랜 세월을 잠자면서 보낸 이 강에, 이렇게 남편과 딸이 와주었으니까.

타쿠로는 손을 마구 휘저었다. 마야미보다 자신이 먼저 치아키의 손을 잡아야만 한다. 강물이 너무 쓰다. 이 물은 마야미의 육체를 녹인 물이다. 그녀는 이 죽음의 강과 하나되었다.

언젠가 치아키가 그런 그림을 그린 적이 있다. 마야미의 시커먼 머리칼이 시커먼 강에 흐르고 있는 그림을. 이 강의 색깔은 마야미가 염원했던 검은 색깔이다.

그녀의 육체를 녹인 강은 지금, 그녀가 사는 암흑세계로 치아키와 타쿠로의 생명마저 흘려보내려고 한다. 마지막 공기가 그의 입과 코에서 물거품이 되어 멀리 내빼고 있다. 위도 아래도 없이 무한대로 지속되는 암흑이 가차없이 희망을 덮어버린다.

소리가 들렸다. 물거품이 내는 소리 때문에 거의 들리지 않았다.
아마, '아빠.'라고.

소리가 난 방향 따윈 모른다. 그래도 손을 뻗쳐본다. 타쿠로에게는 더 이상 생명을 지탱할 공기가 없다. 설혹 뻗친 자기 손이 작은 손을 잡는다 해도 절망만이 이 강 위로 떠오를 것이다. 바랄 새도 기도할 여유도 없다.

왼손이 뭔가를 붙잡는다. 하지만 차가운 물에 마비된 손은 감촉이 무디다. 그게 자신이 붙잡을 수 있는 마지막 시도였다. 붙잡은 것을 놓치지 않으려고 다른 손으로 더듬어갔다.

만약, 자신이 윗방향이 아닌 아랫방향이라면 '끝장'이다. 만약, 붙잡은 게 치아키의 손이 아니라면, 그래도 '끝장'이다. 마야미가 마지막으로 쓴 이야기는 그녀에게는 해피엔딩, 타쿠로에게는 최악의 엔딩이 된다.

- 빛이 보인다.

빛을 향해 오른손을 뻗쳤다. 빛 가운데로 자신이 뻗치면 잡을 수 있는 손이 보인다. 타쿠로는 그 손에 모든 걸 맡겼다.

미키는 타쿠로와 한 덩어리가 된 치아키의 몸을 끌어올렸다. 해초로 뒤덮인 콘크리트 제방이 미끄러워서 물에서 땅으로 올라오기가 여간 고생스럽지 않았다.

타쿠로는 녹초가 된 치아키를 바닥에 누이고 뺨을 어루만진다. 점점 싸늘해진다. 호흡을 확인해본다. 숨을 쉬고 있지 않다. 타쿠로는 인공호흡을 시도한다. 뒤에서 미키가 울면서 주저앉는다.

치아키가 죽다니, 믿어지지 않는다. 믿을 수 없다. 믿고 싶지 않다.
"그럴 리가 없어! 방금 전에도 손을 잡았는데!"
그는 양손으로 치아키의 가슴을 세게 누른다. 이대로 끝나지는 않는다고 생각했다. 아직 다음 편이 남아 있을 거라고.
"무엇 때문에 치아키를 데려가는 거야!"
미키는 울부짖으며 통곡한다. 타쿠로가 치아키를 세게 끌어안는다.
치아키가 "아파 죽겠어, 아빠."라고 말할 만큼.
세게.
세게.
- 쿵쿵
- 쿵쿵-쿵쿵-
아주 작은 고동 소리다. 미약하지만, 맥박이 뛰는 진동이 타쿠로의 몸으로 전해져온다. 타쿠로의 차가워진 몸이 그 작은 고동을 타고 따뜻해진다. 치아키의 얼굴을 어루만졌다. 조금씩 온기가 되살아난다.
"꿈은 아니겠지? 치아키, 살아난 거지?"
치아키가 심하게 기침을 하면서 물을 뱉어낸다.
"살았다, 살았어!"
미키는 아이처럼 또다시 울기 시작한다.
"아파 죽겠어, 아빠."

"미, 미안해."

타쿠로는 미안하다고 했다. 타쿠로는 부드럽게 치아키를 끌어안았다. 그리고 강을 향해 자리에서 일어섰다.

"왜 그래요?"

"아직은 내 마누라가 마야미거든."

"무슨 짓이에요?"

타쿠로는 왼손 약지에 낀 반지를 빼서 힘껏 던졌다. 잠시 후 '퐁'하는 작은 소리가 들렸다.

"마야미와는 이제 이별이다."

"그래도 미사코 씨와의 추억인데, 괜찮겠어요?"

"내가 미사코에 대한 추억을 질질 끌어 오히려 나 자신을 속박한 거야. 그래서 치아키도 힘들었고."

타쿠로는 미키를 끌어안았다.

타쿠로는 오른손을 쫙 폈다가 다시 꽉 쥔다. 강물 속에서 빛을 보고 오른손을 뻗었을 때 타쿠로의 손을 잡아준 건 미키가 아니었다. 그 손의 가운뎃손가락 첫 마디에는 굳은살이 박혀 있었다. 최후의 최후에 미사코는 마야미가 만든 광기의 이야기에 구원의 엔딩을 삽입했는지도 모른다.

"아빠, 집에 가자."

치아키는 이제 밤 산책에 질린 모양이다.

end

 다음 날 경찰이 목을 맨 유미쿠라 가즈에의 시신을 거두어 갔다. 그녀의 딸 마야미의 시체는 발견되지 않았다. 강에 빠졌다면 어디론가 떠내려갔을 가능성도 높고 시간이 너무 많이 흘러서 찾기가 어렵다고 했다.
 쿠스노키의 행방은 아직도 묘연하다. 아직까지도 행복에 겨운 인생을 보내고 있을까. 잊어버릴 만하면 그에게서 또다시 전화가 걸려올지도 모른다.

"예, 알겠습니다. 나중에 찾아뵙지요."
 타쿠로는 휴대폰을 끊고 한숨을 크게 내쉬었다.
"또 경찰이에요?"
 미키는 미사코의 영정 옆에 거베라 꽃 한 송이가 꽂힌 작은 꽃병을 놓는다.
"형님이 돌아가셨어."
"예? 그게 무슨 말이에요?"
 영정에 합장한 채 미키가 의아스러운 표정을 짓는다.
"히토미의 방에서, 목을……."

미키는 망연자실하며 고개를 푹 수그린다. 타쿠로가 다시 크게 한숨을 내쉰다.

"이 동네를 안 떠나고 계속 사셨나봐. 그렇게 싫어했는데……."

타쿠로는 먼 데를 바라본다. 이 동네에 죽은 자를 위한 꽃송이가 하나 더 늘었다. 여기는 역시, 황천길이다. 미키는 괴롭다는 표정으로 뭔가를 말하려다 그만둔다.

"왜 그래?"

"종이 연극을 봤다고 그랬지요?"

그날 밤 타쿠로는 마야미의 인생을 봤다.

"응. 볼 수밖에 없었어."

"아직 찾지 못한 종이 연극이 있다면서요?"

미키의 말은 타쿠로가 마음속에 가라앉혀둔 불안감을 흔들어 깨웠다.

"있어. 마야미가 미사코와 함께 만든, 아마도 미완성일 종이 연극."

"그야 버렸겠지. 마야미한테는 미사코와의 공동 작품 따윈 전혀 필요 없었을 테니까."

"그럴까요?"

미키는 뭔가를 알려주려고 한다.

"지금도 두 사람이 함께 그리고 있을지도."

미키가 자리에서 일어섰다.

"내가 그날 밤, 묘지에서 본 종이 연극은 당신이 본 거와는 달라요."

타쿠로와 미키에게 마야미는 각각 다른 이야기를 보여주었단 말인가. 타쿠로가 본 것은 마야미의 과거였다. 그렇다면 미키에게는 무엇을 보여 주었을까.

"나도 죽으면 신이 될 수 있을까요?"

미키는 먼 곳을 바라보는 듯 타쿠로를 바라본다.

"미키."

미키는 아무런 반응도 없다. 그 강과 똑같은 색깔인 그녀의 새까만 눈동자에 타쿠로가 담겨 있다. 미키의 뒤편에는 스케치북을 든 치아키가 웃으면서 서 있다.